Date: 10/31/17

SP FIC BOSCH
Bosch, Lolita, 1970-
Héctor desaparecido /

PALM BEACH COUNTY
LIBRARY SYSTEM
3650 SUMMIT BLVD.
WEST PALM BEACH, FL 33406

Héctor
DESAPARECIDO

B

Héctor
DESAPARECIDO

Lolita Bosch

B
EDICIONES B

Héctor, desaparecido
Lolita Bosch

Primera edición, abril 2016

D.R. © 2015 Ediciones B México, S.A. de C.V.
Bradley 52, Anzures DF-115902, México

ISBN 978-607-481-004-2

Impreso en México / Printed in Mexico

Todos los derechos reservados. Bajo las sanciones establecidas en las leyes, queda rigurosamente prohibida, sin autorización escrita de los titulares del Copyright, la reproducción total o parcial de esta obra por cualquier medio o procedimiento, comprendidos la reprografía y el tratamiento informático, así como la distribución de ejemplares mediante alquiler o préstamos públicos.

*Para Héctor, donde quiera que esté,
aunque también esté aquí:
con todos nosotros, todas nosotras.*

Y para que Mariano y Jesús puedan abrazarlo.

Este dolor tan profundo que sienten es porque México se los ha dado todo y luego se los ha quitado todo.

Vicky Blanch, especialista en trastorno de estrés post traumático.

Brenda Rangel es la primera mujer mexicana nominada para el Nobel. Fue reconocida en diciembre del 2015 por el Nobel Women's Iniciative a los derechos Humanos, en vista de todo lo que ha hecho por buscar a su hermano, el apoyo de Amnistía Internacional que siempre ha estado a su lado y el reconocimiento a su esfuerzo y su cerca incansable, a pesar de los atropellos e injusticias. Pero cualquier cosa que tenga o que pudiera llegar a tener la daría sin dudarlo por recuperar, vivo, a su hermano Héctor. Encontrarlo. Presentarle a su sobrino. Abrazarlo. Cenar en familia, como antes, juntos. Contarle cómo lo han estado rastreando. Cuánto, cuantísimo tiempo llevan buscándolo. Cómo han podido extrañarlo tanto tiempo, con tanta intensidad.

Las ganas infinitas que sienten de curarlo. Apapacharlo. Quererlo.

Decirle que todo va a estar bien.

Que un futuro con él, sería un cielo luminoso y abierto. Extraordinario.

Yo estoy vigiladísima. Mis teléfonos están colgadísimos... ¡Ya me han hecho todo! Pero, ¿qué más miedo puedo tener? He vivido muchas cosas, he estado con estos hombres, me han tenido horas retenida, un día completo golpeándome, golpeando a mi hermana y ellos hoy están libres. ¿Tú crees? Pinches autoridades, pinches leyes, pinche México. Por eso estamos como estamos, porque no hay justicia, o sólo hay justicia para algunos.

Si acaso eso es, en efecto, justicia.

CAPÍTULO I
México

Hay mucha gente en México que en su dolor ha encontrado maneras de ayudar a los demás. Personas que se organizaron en grupos y se acompañan los unos a los otros. Son las voces de la esperanza, la verdad y el amor, y las únicas capaces de transmitir un mensaje certero de esperanza a la ciudadanía entre tanto pantano, fosas y ríos secos cargados con las cenizas de nuestros muertos, nuestros desaparecidos, nuestros mutilados, amenazados, espantados, huidos. Porque muchos de nosotros nos preguntamos una y otra vez qué podemos hacer, qué con este miedo, con este estupor, con esta impotencia. O cómo zafarnos. O cómo tratamos de habitar con normalidad este México herido. Pero México no está sólo roto. En todos los rincones del país hay hombres y mujeres consecuentes que siguen sujetando los pedazos de esta tierra agrietada para mantenerla entera, para impedir que se quiebre definitivamente, para seguir juntos. Porque el nuestro es también un país en el que muchas personas empáticas y generosas han convertido su dolor en formas de acompañar a los demás. Y eso es lo único sagrado que ha ocurrido desde que comenzó la guerra (*la violencia, el conflicto, la crisis de derechos humanos, el problema, esto*). Y su valor, su dignidad y su enjundia la debemos preservar como un patrimonio fundamental para reconstruirnos, reconstruir a México, regresar a casa. Y cuando sintamos que ya no podamos más con tanta y tan terrible violencia, no podemos olvidar que, como flores, como nenúfares en este lago seco, hay muchas, muchas personas que están haciendo las cosas bien hechas. Y que Brenda Rangel, hermana de Héctor, es una de ellas.

Nació en Querétaro, estudió leyes y nunca ejerció de abogada. Lo suyo, lo de su familia, era la ropa. Antes, cuando Brenda todavía podía elegir a qué se dedicaba, qué hacía con su tiempo, quién era. Hoy ya no. Hoy es hermana de Héctor. Hermana de un desaparecido. Activista amenazada. Luchadora social incansable. Una mujer triste, esperanzada e imbatible que lo ha dicho una y dos y tres mil veces: *Nada va a detenerme hasta saber dónde está mi hermano*. Porque Brenda está convencida de que Héctor sigue vivo. Y sus papás también. La mamá de Brenda no se separa del teléfono, no sale de vacaciones, no viaja por la república, apenas sale de casa. El papá se la pasa mirando las noticias en la televisión con la esperanza de (no) reconocer entre los cuerpos de los muertos con los que convivimos a su hijo.

Pero además, Brenda sospecha que su hermano menor sigue vivo (y es algo que podría suceder, porque muchos desaparecidos están siendo esclavizados para que el mastodonte brutal que es el crimen organizado no se detenga) porque recibe una llamada telefónica de vez en vez. Del otro lado de la línea nadie habla, a veces se escucha respirar, a veces nada. Pero ella igual le cuenta a ese silencio todo lo que ha sucedido en la familia desde la última llamada que recibió, cómo están las cosas en la casa, como sus papás, sus hermanos, tu sobrino, Héctor, que ya lo tienes que conocer. Del otro lado alguien escucha. Y Brenda habla y habla hasta que del otro lado alguien cuelga. Y ella suspira, llora, piensa: Es Héctor, dejan que me llame porque sigue vivo. Supo cómo sobrevivir. Y cree que podría estar en una cisterna o en un búnquer. Porque ha escuchado de algunos jóvenes que han estado en cisternas escondidas bajo el suelo de México, donde viven (malviven) amarrados contando (pesando) dinero (en costales), o haciendo drogas sintéticas o cualquiera de las otras tareas que precisen los delincuentes que los mantienen retenidos y que a veces somos incapaces de imaginar.

Si *se portan bien* no los matan, les dan de comer una vez al día y los dejan llamar a la casa de vez en vez. Para que no traten de matarse ellos mismos como último recurso contra ese régimen de esclavitud en el que viven, laboral y muchas veces también sexual (ya que en esos lugares también hay niños, niñas, mujeres). Para que haya en el horizonte algo bueno por lo que valga la pena esperar. Por eso es que les dejan marcar a sus casas, cree Brenda. Pero sólo les permiten escuchar. Es por eso que ella sigue hablando. Y le cuenta que lo busca, que se van a volver a ver, que estarán juntos algún día cercano, aunque no se lo dice todo.

Porque no sabe quién más puede estar escuchando. No sabe qué cosa pone en riesgo a Héctor y qué no. Bien a bien, no sabe nada. Pero por intuición, por amor, platica. Y le pide a su hermano que resista. Y le promete: Te vamos a encontrar, mijo. Te vamos a encontrar. Lo busca desde el año 2009, cuando desapareció en Monclova, en el estado de Coahuila, junto a Irene y Milton. Los tres habían viajado al norte por negocios y lo último que la familia de Héctor supo de él fue a través de una llamada: *Voy a cruzarme al Oxxo de aquí adelantito a cargar el fon que me quedé sin saldo. Aguanta, se acercan dos patrullas. Dejen veo qué está pasando. Después hablamos.* Y luego nada. Así que Brenda y otro de sus hermanos tomaron al cabo de dos días un avión a Monterrey, viajaron por tierra hasta Monclova y comenzaron a preguntar. Pero la policía municipal y los fiscales del estado les advirtieron: *no continúen, no levanten el polvo. Podría sucederles lo mismo.*

—¿Qué es lo mismo? —quiso saber Brenda.
—Ándese con tiento, señorita. Conténgase.

Porque obviamente no la conocía. Brenda es imparable. Por encontrar a su hermano y apaciguar la tristeza en la que vive sumida su familia es capaz de todo.

Absolutamente todo.

—Te hago sufrir todas las mañanas ¿verdad, Brenda? Pregunte y pregunte sobre este momento tan difícil.
—¡No! Qué pena, Paula. Al contrario.
—Lo siento mucho...

—No me digas esto. Yo aprecio mucho que estés de nuestro lado. No sabes cuánto te lo agradezco.
—Nada que agradecer. Estamos juntas en esto.

Y estamos. Todos y cada uno de nosotros, de nosotras, estamos. Aunque podamos vivir como si no lo supiéramos, vivir como si no hubiera sucedido, vivir como si Héctor estuviera en casa y Brenda pudiese recuperar su vida de antes, su *vida normal*. No le hace si queremos o no involucrarnos. Que lo asumamos o no. Lo cierto es que la desaparición de Héctor y el acoso que están padeciendo Brenda y su familia por buscarlo nos concierne, nos afecta, nos quiebra un poco más de lo muy quebrados que ya estamos. Cada una de las cosas que están sucediendo ahorita, tiene todo que ver con todos y cada uno de nosotros. Todas y cada una de nosotras. Por eso Héctor es un agujero negro al que no nos atrevemos a mirar, un pozo, un embudo maldito en este suelo por el que se escurre, incesantemente, el cuerpo deslavado de México.

Y por eso Brenda resiste, y nos cuenta con su voz, su dolor y su esperanza que:

CAPÍTULO II
Querétaro

—Me da mucha pena hacerte pasar otra vez por el dolor de contarlo todo.
—No pasa nada, Paula. Adelante. Yo puedo hacerlo, no hay problema.
—¿Segura?
—Segura. Vas.
—¿Qué edad tienes?
—36 años.
—Y tienes un hijo ¿verdad?
—Dos. Soy mamá de dos hijos.
—¿Y tienes otro hermano además de Héctor?
—Somos seis hermanos en total. Tres mujeres, de las que yo soy la mediana. Y tres hombres, de los que Héctor es el más chico.
—¿A qué te dedicas?
—Soy abogado pero nunca he litigado. Estudié la carrera pero mi fuerte, y el fuerte de toda mi familia, es el comercio. Por mucho tiempo, desde hace ya muchos años, nosotros hemos tenido aquí en Querétaro mucho mercado de venta de ropa. La vendíamos de mayoreo, ropa americana. Nosotros mismos

viajábamos a los Estados Unidos y comprábamos ropa y la vendíamos en México. Nos iba bastante bien.

—¿Era un negocio familiar?

—Bueno, más bien cada quién tiene su negocio aparte. Pero en conjunto podríamos decir que era un negocio familiar, sí.

—O sea que son gente muy trabajadora...

—De toda la vida, Paula. En mi familia, desde que yo tengo uso de razón, siempre hemos trabajado. A mí desde niña me traían trabajando y a los 9 años empecé a hacer mi propio negocio igual que todos mis hermanos, vendiendo lo que fuera... ¡de todo! Siempre hemos vendido cualquier tipo de cosa. Todo lo que se nos presentaba en la vida lo considerábamos un reto, porque, lamentablemente, y por decirlo de alguna manera, mis papás nos tuvieron con carencias. Éramos muchos y obviamente no podían darnos todo.

—¿Por eso es que comenzaron a trabajar todos ya desde pequeños?

—Sí, cuando éramos chicos y a raíz de todas esas necesidades. Y la verdad es que mis hermanos y yo hemos salido adelante. Gracias a Dios nos fue muy bien. Hasta que pasó lo de Héctor, se resquebrajó todo y hemos perdido muchísimo... todo el dinero que pudimos haber hecho nos lo hemos acabado en la búsqueda de Héctor.

—¿El dinero de todos?

—Prácticamente, sí. Aunque el dinero es lo menos. Lo hemos buscado incansablemente porque yo siempre he dicho que mi hermano es inocente, que mi hermano no tenía nada que ver con toda esta guerra estúpida, absurda. Que lamentablemente el Gobierno Federal la declaró y la delincuencia agarró parejo y se llevó a gente inocente que no tiene nada que ver con este tipo de cosas.

A Brenda le falta el aire cuando habla de su dolor, del dolor de su familia.

Y yo quisiera abrazarla, pero ella quiere seguir, que se sepa, resistir, encontrar a su hermano.

—Para nosotros ha sido muy fuerte, muy doloroso.

—¿No podemos imaginar lo que es vivir algo así, verdad?

—No. Yo nunca lo hubiera sabido imaginar antes. Pero es todavía más doloroso entender que hemos tenido que hacerlo todo, absolutamente todo, nosotros solos. Nosotros mismos hemos hecho la investigación, hemos tenido que ir a dar con los delincuentes, hemos tenido que entrar a casas de seguridad, nos hemos expuesto muchísimo... (le falta el aire, lo siento).

—¿Quieres detenerte un rato?

—No, no. De una vez.

(Que se sepa).

—Todo eso ha fracturado mucho a la familia: emocional, económica y físicamente. Mi mamá está acabadísima y mi papá igual. Bueno, todos mis hermanos están mal. A todos nos ha pegado de diferente manera, claro. Pero como familia nos ha sucedido algo que no sé ni cómo narrarlo. Creo que no debe existir la palabra exacta para transmitir cómo me siento.

(¿Tristeza? ¿Agotamiento? ¿Impotencia? ¿Miedo?).
—No sabría decirte. Siento muchas cosas a la vez: mucha frustración, mucho dolor, mucha angustia, mucha desesperación. ¡La indolencia de la gente, nos ha quebrado tanto! Más que la del gobierno. Porque del gobierno no espero nada si no es con presión mía y de mi familia, si no es con las muestras evidentes que les llevamos (que es como decirles: *nosotros investigamos tal cosa porque ustedes no quieren hacerlo*). Pero la indolencia de la gente ha sido demasiado. Muchas personas siguen diciendo que esto a ellos no les va a pasar, que sólo les pasa a los delincuentes, que le pasa a la gente que está metida en cosas feas. Y no es así, Paula. No es así.

—Lo sé. Y me parece increíble que se siga pensando en estos términos. Yo creo que ésa es una de las cosas que más nos ha sorprendido a las personas que de algún modo estamos cerca de la guerra. Nunca esperamos que nuestros compatriotas pudieran voltear la cabeza, así, con esta impunidad. Ni juzgar tan brutalmente a las víctimas.

—Así es. Y para nosotros ha sido súper doloroso. Incluso la misma familia se desaparece. O los que eran los mejores amigos de mi hermano, que hoy ya no están a nuestro lado. Y todo eso te pega, emocionalmente, muy, muy duro. Yo hay veces que quisiera gritarles: *¡Tú le decías hermano, casi que ponías tu camiseta para que él se la pusiera y hoy en dónde estás!* Casi te diría que eso nos ha pegado mucho más que cualquier cosa. Eso y no saber dónde está Héctor (se le entrecorta la voz, solloza). Perdón...

Perdón, ha dicho. Brenda se disculpa por su dolor, por el dolor de su familia. Por la soledad, la impotencia, la injusticia. Por (no) ser capaz de soportar algo así.

Como si alguno de nosotros, ante una situación como la que ella hoy vive, supiéramos reaccionar.

—Por favor, no te disculpes.
—Es que no saber dónde está ni cómo se encuentra es tan difícil. Imagina lo que es haber escuchado de viva voz el relato de uno de los Zetas con el que tuvimos un encuentro y que nos contó lo que les hacen, cómo viven, hasta cuándo los mantienen con vida, para qué los usan... es difícil, muy difícil... estar con esta persona y tener que escucharlo porque lo queremos saber... (se ahoga).
—¿Puedes seguir?
—Sí, sí, claro. ¿Te platico todo cómo fue?
—Por favor. Eso te iba a pedir, para tratar de escribir algo tan incomprensible para todos nosotros: que avancemos paso a paso. ¿Ustedes seis vivían en Querétaro con sus papás?
—Sí, todos estamos en Querétaro. Mis dos hermanos mayores estaban casados. Yo recién tenía un año y medio divorciada viviendo con mis papás y con mi hijo mayor. Y Héctor, de alguna manera, le hacía como de papá a mi hijo. Convivía mucho con él y estaban muy unidos.
—Porque Héctor todavía vivía con tus papás...
—Sí. Héctor vive todavía con mis papás.

Vive, dice.

—Vive, claro —le digo, me disculpo.

Trato de imaginar algo así. Tener (gozar) una vida que nos parece rutinaria y perderla (que nos la arrebaten) súbitamente. Tardar un tiempo en entender que algo así nos ha sucedido. Enojarse. Delirar. Confundir tiempos verbales. Tener que aprender a hablar de otras maneras. Buscar formas de poner orden en el dolor. Pensar que transmitirlo es ayudar a Héctor (y a muchos, muchos más, diría Brenda).
De algún modo que yo quisiera que esto fuera cierto, que juntos pudiéramos salvarlo.
O cuando menos, guardarlo aquí en este libro. Con nosotros.
Amado.

—¿Recuerdas el día anterior que desaparecieran a Héctor?
—Recuerdo exactamente el día que desapareció. El martes 10 de noviembre de 2009. Yo estuve con él toda la mañana. Él salió de la casa, que es tu casa (gracias), más o menos a la una y media de la tarde de Querétaro. Antes, alrededor de las 10 o las 11 nos estuvimos comiendo una torta y estábamos muertos de la risa platicando porque él me decía que lo acompañara y yo que no, que tenía pendientes. Y él que sí.

—¿A qué iba?

—Tenía que hacer un cobro del dinero que nos debían: 90 mil pesos.

—¿En Monclova?

—No, no. Aquella mañana Monclova, para nosotros, todavía ni existía. Hacía muchos años habíamos hecho unos negocios con alguien de allá, pero eso ya fue y nunca más regresaron a comprarnos y Monclova para nosotros era equis. Ni nos cruzaba la mente, ¿sí me explico? De hecho, Héctor iba a cobrar un dinero ahí mismo en Querétaro. Pero las personas que lo citaron, que son los que le debían, al mero momento le cambiaron las cosas y le dijeron que en lugar del dinero que le tenían que pagar le daban en garantía un vehículo.

—¿Ahí mismo en Querétaro?

—Supuestamente, en Querétaro. Sí. Pero entonces Héctor me dijo: "Acompáñame, hermana. El señor quiere que le lleven el carro a Monclova y dice que en Monclova me van a pagar el dinero". Yo le dije que no fuera, que no tenía nada que ir a hacer hasta allá.

—¿Por qué Monclova?

—No sé. Héctor nunca había estado por esos rumbos.

—¿Y por qué el señor le dijo eso?

—Quién sabe. La cosa es que el chofer llegó a buscar el coche pero le dijo a Héctor que tenía orden del señor Mondragón de llevarse el carro a Monclova y de que mi hermano lo acompañara porque ahí le iban a pagar la deuda.

—¿A qué se dedicaba el señor Mondragón?

—Pues la verdad, no sabemos. Nunca lo conocimos, ni a él ni a su chofer antes de aquel día que vino a lo de Héctor. De hecho, al señor sólo lo vi una ocasión porque acompañó a su esposa, que era la que nos compraba ropa.
—¿Seguido?
—Sí. Nos compró ropa alrededor de dos años. No te digo que cada mes ni cada quince días. Pero cada tres, cuatro o cinco meses compraba ropa a crédito.
—Eso sí es habitual en este tipo de ventas, ¿cierto?
—Sí, así es como nosotros nos hemos manejado con mucha gente en Querétaro y en otros estados. Dando crédito y creando clientes fijos, podríamos decir.

Esto podría resultar extraño en otros lugares del mundo. Pero en México, y en muchos otros países de América Latina, es habitual. Muchos de nosotros, de nosotras, hemos comprado ropa extranjera que trae un amigo. Electrodomésticos. Zapatos. Cosas para la casa. Es un negocio común.
También hay quien leyendo esto podría pensar que Héctor se arriesgó más de lo que debía yendo a Monclova. Pero pregúntense qué harían ustedes con 90 mil pesos, quién puede permitirse el lujo de rechazarlos por una situación extraña, quién puede prescindir de tanto dinero, tanto trabajo, tanta deuda acumulada. Así que no juzguen a Héctor por ir a cobrar lo que era suyo. Juzguen, si acaso, a quienes se lo llevaron. Si queremos curar este país, debemos dejar de pensar que la culpa es siempre de la víctima (que estaba en un lugar

equivocado, tenía un amigo equivocado, no siguió su instinto... tantos, tantos motivos que inventamos para pensar que esto le sucede a gente que hace cosas que nosotros nunca haríamos. Aunque las hayamos hecho. Aunque hayamos comprado así en México y en otros lugares del mundo. Aunque tengamos amigos que se dedican a lo mismo. Tantos, tantos motivos para sentirse, falsamente, a salvo).

No somos mejores que Héctor. No sabemos más.

En México la violencia es rabiosamente aleatoria. Necesitamos comprenderlo, asumirlo, vivir en consecuencia. Dejar de decir: yo no soy ustedes. A mí no. Yo sé cómo salvarme. Porque no es la razón quien nos está gobernando. Imperan la impunidad, la corrupción, las reglas que imponen las mafias y los cárteles, los policías comprados, los policías asustados que no pueden decir que no, los que no tienen derechos, los que saben que reclamar justicia, a menudo, es su sentencia de muerte. Los que acatan, aunque haya miles, miles, como muchos amigos y familiares de Héctor que miran hacia otro lado, piensan que los actos criminales tienen una explicación y que es una suerte de lógica que la ciudadanía no alcanzamos a comprender. Que es más lícito el crimen que la democracia.

Que en el crimen organizado, a falta de una estructura sólida de justicia, las cosas se resuelven así. ¿Qué justicia? ¿Cuáles son los derechos ciudadanos de los que nosotros gozamos y los delincuentes no? No nos mintamos más. El crimen organizado es un sistema que nos cerca, nos ahoga. Y Héctor era tan sólo un joven trabajador, que ayudaba a su familia y quería salir adelante. Como tú, yo. Muchos de nosotras, de nosotros.

No juzgues a Héctor para seguir leyendo. No juzgues a Héctor.

En todo caso, detente y pregúntate por qué lo estás haciendo, si acaso lo estás haciendo.

Yo me llamo Paula, soy periodista, y es un ejercicio que tengo que hacer todas y cada una de las veces que escucho a una víctima: tratar de entender qué le ha sucedido, cómo se sobrepone al dolor para reclamar justicia, dónde encuentra la esperanza, qué espera de México. Pero no por qué le pasó. Porque las razones del crimen son hechos, no son motivos.

Así, tan masiva, cruel, impunemente, ya no.

Dejemos de pensarlo como si vivir estuviera mal en un mundo cercado.

—¿Así que el señor Mondragón les dejó en garantía el vehículo y cuando el chofer fue a buscarlo le dijo a Héctor que no traía el dinero y que tenía que irse con él a Monclova para que se lo dieran?

—Sí, Paula. Así fue como pasó. Llega el chofer por el vehículo, le dijo a mi hermano que no traía el dinero, y que el señor Mondragón había dicho que se fuera con él a Monclova si quería cobrar sus 90 mil pesos.

—Ni modo de decirle que no...

—Pues no. Pero igual Héctor regresó a la casa a pedirme que me fuera con él: Brenda, acompáñame, yo no quiero ir solo, me dijo. Y yo luego luego me subí al coche con mi hijito, le puse el cinturón y todo, lista para viajar. Pero mi hijo estaba enfermo de la garganta y empezó a vomitar. Así que lo bajé del vehículo y mi hermano me dijo: no te lo lleves así, déjalo. Y cuando fui a dejárselo a mi mamá encargado, el niño me jaló del pantalón y comenzó a pedirme: *no mami, no mami, no te vayas.* Llorando. ¿Tú crees?

—Pero Héctor no se fue solo.

—No. La niña que hacía el aseo en ese momento en casa de mi mamá, de nombre Irene Lugo Hernández, me propuso: Brenda, si tú quieres yo lo puedo acompañar, no hay ningún problema. Y claro que le dije que sí, no quería que se fuera solo. Y en eso que se subió Irene al coche con mi hermano (sé perfectamente cómo iba vestida Irene, sé perfectamente cómo iba vestido Héctor) y cuando ya salían iba pasando un amigo de mi hermano que le preguntó a dónde iba y Héctor le contestó lo mismo: Voy a cobrar un dinero a Monclova, pero voy y vuelvo. Y ese amigo, de nombre Milton Hugo Aguilar Torres, le dijo: Si vas y vienes y mañana estamos aquí, yo también te acompaño. Y se trepó con ellos. O sea que no es sólo Héctor, Irene y Hugo también están desaparecidos.

—¿Se fueron en su carro?

—Mi hermano, Hugo e Irene se fueron en el carro de Héctor y el carro que iban a intercambiar se lo llevó el chofer, de nombre Josué. Hasta ahí era lo que sabíamos ese día. No sabíamos nada más de él: quién era, sus apellidos, nada...

—¿Cuánto se hace de Querétaro a Monclova?

—Unas 7 u 8 horas por carretera.

—¿Y ellos se fueron pensando que dormirían allá?

—Pues sí. Pensaban ir allá, recoger el dinero, pasar la noche donde los alcanzara y regresarse temprano porque Héctor y yo teníamos programado irnos a San Antonio, Texas, a comprar ropa.
—¿Al día siguiente viajaban?
—Sí.

CAPÍTULO III
Texas

—¿Irene qué edad tiene?
—Cuando desapareció, 24 años.
—¿Y es mamá?
—No, no es mamá. Es soltera.
—¿Y Hugo?
—También es soltero. Tiene la misma edad de Héctor y desaparecieron cuando los dos tenían 28 años.
—Tres personas jóvenes.
—Así es, Paula, tres jóvenes. Con toda la vida por hacer.

Y el silencio muerde el dolor de Brenda y por un instante también el mío. Es una mandíbula impenetrable que lo ha modificado todo como si los árboles pudieran cambiar su raíz sin que nos diéramos cuenta, con un movimiento apenas perceptible, convertirse en otra especie.

—Como Héctor siempre, siempre nos marcaba, me marcó todavía a las siete de la noche. Yo iba a clases de cocina con mi mamá todos los martes y nos preguntó qué estábamos cocinando.

—¿Y qué estaban cocinando? ¿Te acuerdas?

—Sí, estábamos cocinando una paella. Y me acuerdo que me dijo: Guárdame, no se la vayan a acabar. Y yo me reí con él, no, no te preocupes.

Y Brenda intercala estos recuerdos con los que ha repetido tantas, tantas veces en tantas delegaciones, enfrente de tantas autoridades, tantos medios:

—Me acuerdo perfectamente cómo iba vestido él porque yo estuve todo el tiempo con él antes de que saliera de Querétaro.

—¿Y cómo iba?

Pero regresa a lo que le pedí que me explicara cuando le propuse hacer este libro sobre ella y su hermano. Todo lo demás está *online*, pueden leerlo. Pero ésta es su voz y su esfuerzo enorme y doloroso por contarme cómo se fue desmontando, pieza a pieza, una vida completa.

—Al rato que le dije que le guardaríamos paella, volvió a llamarme para decirme que estaba en el entronque de Saltillo. "¿Aquí es derecho o hay una curva? ¿Puedes verlo en internet? Porque el señor que trae el otro coche, el chofer del señor Mondragón, de repente se acelera y de repente se atrasa y se me pierde y yo no sé... Brenda, incluso siento a veces (así me lo dijo y muchas veces he pensado que mi hermano presentía algo) que no sé qué pasa porque parece que se me quiere perder o que algo no está bien".

—¿Y tú cocinando con tu mamá?

—Sí, pero no le dije nada a ella para que no se preocupara. Sólo le dije a Héctor que se esperara y si el chofer no lo alcanzaba llegara directo a Monclova.

—¿Te asustaste?

—No tanto. La violencia, como les ocurre hoy a tantas y tantas personas, nos quedaba lejos. Apenas pensábamos en eso. Estábamos trabajando. Sí sentíamos inquietud, claro, pero no podíamos detenerlo todo, teníamos que trabajar, seguir nuestra vida normal.

Nuestra vida normal, eso dice.

—Además, Héctor todavía marcó una vez más ese mismo día, como a las 10:30 u 11 de la noche, a la casa de mi mamá. Y le dijo a mi hermano Enrique que lo acababan de parar unos policías (número de patrulla 93) y le acababan de quitar 200 pesos que porque iba a exceso de velocidad. "Están pendejos, dicen que venía a exceso de velocidad y venía a 60 kilómetros por hora. No venía rápido pero igual me quitaron 200 pesos".

—¿Eso ya dentro de Monclova?
—Sí.
—¿Y el chofer Josué?
—Pues lo mismo le preguntó mi hermano Enrique, pero Héctor dijo: "No sé, ya se me perdió". Y todavía Enrique le contestó: "Ya se te pelaron güey, ya no nos van a pagar". Héctor se estaba cruzando al Oxxo porque en el hotel no vendían saldo y seguía platicando con Enrique, hasta que Héctor le dijo: "Estoy viendo que vienen dos patrullas: la patrulla que me detuvo y otra. Vienen escoltando al carro del señor Mondragón. Déjame ver y...". Pero en eso, dice mi hermano Enrique que escuchó como un rechinido y en ese momento se cortó la llamada.
—¿Y qué hizo Enrique?
—Pues fíjate que todavía pensó que a lo mejor se quedó ya sin saldo y encontró al chofer y ya se quedó dormido. E incluso al día siguiente a la mañana yo empecé a marcarle a Héctor para decirle: "Oye cabrón...". Estaba hasta enojada con él porque no marcaba y nos teníamos que ir a Texas. Pero estaba marca y marca a su teléfono, cada vez más desesperada, y su teléfono apagado, apagado, apagado. Y el teléfono de Hugo también apagado y apagado. Y entonces llamé al señor Mondragón, a quien sí le entraron las llamadas pero no me contestó.
—¿Irene no traía celular?
—No, Irene no traía celular. Y como no me contestaban ni Hugo ni Héctor, yo comencé a ponerme mal y a sentir que algo no estaba bien. Y Enrique me preguntó: "¿Le decimos a mi papá?". Pero yo no quise.

Sentía que algo no estaba bien y el señor Mondragón no me contestaba la llamada y estaba segura, algo está pasando, pero todavía no quería asustarlos. Antes quería checar, ¿sí me entiendes?

—¿Tú tenías el teléfono del señor Mondragón y su esposa?

—Sí, porque la señora era clienta de nosotros. Y el día que el esposo le marcó a Héctor para intercambiarle la deuda por el vehículo, le marcó de un número distinto y yo apunté ese número antes de que Héctor se fuera. Por eso es que yo tenía esos números y cuando Héctor no contestó le marqué al señor Mondragón. Pero me cortaban la llamada, nunca me contestaron...

—Tú para eso ya habías perdido los boletos a Texas, claro.

—Ya, todo. Y pensaba que Héctor había tenido un accidente o que a lo mejor lo tenían detenido las patrullas que dijo que estaba viendo la última vez que habló con Enrique. Y como Enrique tenía apuntado el número de patrulla (93), con toda esa información tomamos el primer vuelo que salía de Querétaro para llegar a Monterrey e ir de allá en carro hasta Monclova.

—¿El mismo miércoles?

—No. Mi hermano desapareció el martes y nosotros dejamos pasar todo el miércoles y el jueves estuvimos esperando toda la mañana a que llamara o algo. Pero cuando vimos que no pasaba nada, tomamos el vuelo a Monterrey el jueves a las cinco de la tarde. En Monterrey tenemos amigos y a uno de nuestros amigos le pedimos que nos prestara un vehículo para podernos mover. Y él nos prestó su coche porque ya sabes que es un riesgo viajar con placas de otros estados.

—¿Con quién te fuiste? ¿Con Enrique?

—Sí, nos fuimos Enrique y yo. Y cuando llegamos a Monterrey...

CAPÍTULO IV
Monterrey

—¿Qué les dijiste a tus papás?
—No les dijimos nada porque no sabíamos bien a bien qué estaba pasando. Además, mis papás sabían que nosotros viajábamos dos, tres o cuatro veces por mes. No había ningún problema, a mis papás no se les hizo algo irregular. Así que nada más les dije que les encargaba al niño porque íbamos a salir. Pero nunca les dijimos a dónde, nunca quisimos alertar a mis papás de nada. No los queríamos asustar. Nos fuimos Enrique y yo a buscar a Héctor.
—Porque hasta ese momento pensaron que había tenido un accidente o estaba detenido.
—Sí.
—¿No pensaron que algo tan malo podía haber pasado?
—No, jamás pasó eso por mi cabeza. ¡Nunca!
—¿Por qué?
—Pues porque nosotros no estamos involucrados, nunca habíamos estado involucrados, no conocemos a gente de ese tipo... porque nosotros no conocemos a nadie que se dedicara a cosas ilícitas o estuviera metido

en delincuencia, mi familia siempre ha sido muy trabajadora y todo lo que hemos logrado ha sido con el sudor en la frente, nunca hemos hecho ningún mal a nadie.

—Pero en México ya estaba pasando eso. Pero te entiendo, me lo han contado ya varios familiares en México: que estaba pasando pero que, como muchas otras personas, pensaban: "a mí no".

—Exacto. Nosotros también creíamos que lo que empezaba a pasar en México, nunca nos iba a tocar. Además aquí en Querétaro eso todavía no estaba tan escuchado cuando se llevaron a Héctor. Yo te puedo decir que una semana antes de que Héctor desapareciera, yo me había ido a McAllen en mi coche con un amigo y me fui manejando por la noche. El martes anterior a que Héctor desapareciera, me fui manejando diez horas de noche para ir de compras y traer mercancía para vender. Y me regresé igual: manejando por la madrugada.

—¿Sin miedo?

—Sin miedo, para nada. ¿Cuál miedo? Tengo años haciéndolo... bueno, tenía. Lo hacíamos constantemente y nunca había escuchado que estuviera pasando esto. Si yo hubiera sabido, hubiéramos tenido muchísima precaución. Pero nunca te imaginas que eso te va a pasar a ti. Mucha gente, de Querétaro y de muchas otras partes de México, viajábamos de ida y vuelta para Estados Unidos. Hoy no vamos ni a Monterrey. Mucho menos pensar en ir a Laredo o Reynosa. Si para ir a Guadalajara y Veracruz también nos la pensamos... todo México es un infierno.

Y cuando Brenda dice a ti quiere decir a ella, a mí, a ti, a cualquiera de nosotros.

—Llegamos al aeropuerto alrededor de las ocho, ocho y media, y en una hora y media, casi dos, llegamos a Monclova. Eran como diez y media. Y en el entronque de la entrada a Monclova encontramos a dos patrullas blancas de camionetas, tipo Pick-up Lobo, con las luces apagadas que prendieron las luces cuando nosotros íbamos pasando. Y ahí sí me espanté. Por primera vez. Enrique iba manejando y nos cerró una de las patrullas y nos preguntó que a dónde íbamos, y a mí sí se me salió el corazón y casi llorando le dije que andábamos buscando a mi hermano y les platiqué la historia y hasta les dije: "Hay una persona que nos debe dinero y lo citó aquí". Y los policías se volteaban a ver uno a otro pero no me decían nada. Yo les solté, como se dice vulgarmente, la sopa desde que entré ¿me explico? Les dije todo, todo. Yo vengo a esto y a esto. Y ellos me preguntaron: "¿A qué te dedicas?". Y yo: "Somos comerciantes". "¿Y tu hermano a qué se dedica?". "Mi hermano también es comerciante". Y ellos: "¿Pero qué más hace? ¿A qué se dedican tus papás?".

—¿Querían saber todo?
—Sí. Nos estaban haciendo un interrogatorio...
—¿Eran *halcones*?
—Exactamente. Y ya al final de interrogarnos nos dijeron: "Pásenle". Pero a las tres cuadras nos cerró

otra patrulla para preguntarme que de dónde éramos y que a qué íbamos. Lo mismo que nos preguntaron los primeros policías.

—¿Y tú ahí cómo estabas?

—Yo empecé a sentir como un hostigamiento de los policías municipales fuerte, muy fuerte. E incluso después de la segunda patrulla, recuerdo que yo iba muerta de sed y le pedí a mi hermano Enrique que se subiera a una rampa para ir a un Oxxo a comprar una botella de agua. Y en cuanto se subió se nos puso en la parte de atrás una camioneta impidiéndonos la salida y después de comprar el agua se regresó un policía, se nos recargó en la puerta y nos dijo: "Nada más les voy a decir una cosa, chavos, que aquí no estén levantando el polvo, porque aquí a la gente no le gusta que estén levantando el polvo". Y nosotros nos quedamos viendo atónitos: "No entiendo, ¿qué polvo?".

—¿Ésa era tu primera vez en Monclova?

—Sí, nunca había estado ahí antes. Y todavía le dije al policía: "Señor, por favor, usted ayúdenos porque fíjese que no sabemos en dónde está mi hermano. ¿No nos podría dar indicaciones para llegar a alguna comisaría, algún ministerio público abierto, alguna agencia, algo?".

—¿Tú no sabías ni a dónde ibas, no sabías ni qué hotel, nada?

—Sí, yo sabía a qué hotel había ido mi hermano porque toda la familia nos quedábamos siempre en el hotel Confort Inn en Estados Unidos. Era un hotel lindo y barato. Y siempre nos daban una tarifa especial.

—¿Y hay uno en Monclova?

—Sí. Por eso supe que Héctor habría ido a ese hotel. De modo que nosotros nos dirigimos al hotel Confort Inn, que está en la calle de Juárez, y cuando nos vio entrar el joven que estaba en el lobby nos dijo, así, tal cual: "El muchacho que buscas es igualito a él (a mi hermano Enrique) pero más alto". Sí, le dije. "Estuvo antier aquí, venía con una muchacha morena y otro muchacho morenito". Sí, sí son, le dije. "Pero yo no tenía ya habitaciones, me pidió crédito (para el celular) y lo mandé enfrente al Oxxo". Exactamente lo que mi hermano nos había dicho por teléfono. Y bajando un poco la voz añadió: "Mira, yo no me quiero meter en problemas pero vi que lo jalonearon unos policías y ya no supe más. Y por favor les pido que si ya se pueden retirar". Y nosotros nos sorprendimos porque nos corrió, así literalmente del hotel, a mi hermano Enrique y a mí. Aunque antes, jaló un tríptico de atrás de él y nos dijo: "Probablemente lo puedas encontrar por esta zona", y nos marcó un círculo en un mapa.

—¿Así que cuándo tu hermano se cruzó al Oxxo no se habían hospedado todavía?

—Es que estaba todo lleno porque había un congreso o algo así.

—¿Y cuando se cruzó al Oxxo fue con Irene y con Hugo?

—Sí, iban los tres juntos. Pero a pie. Porque el coche de mi hermano estaba estacionado adentro del hotel. Pero hasta ahí. Le pedimos al joven del lobby que nos dejara ver las cámaras pero no quiso, dijo que no podía. Y por eso dedujimos que o se metieron los mismos policías a sacar su carro o que a mi hermano todavía le dieron tiempo para ir a por el carro él mismo. No sabemos.

No sabemos.

—Cuando tú y tu hermano Enrique llegaron, ¿el carro de Héctor ya no estaba en el estacionamiento? ¿No había rastro de nada?

—Nada. Yo me metí a revisar el estacionamiento, pregunté en el Oxxo, me dijo la señorita que trabaja ahí que ella había visto un problema afuera con policías pero que no se había fijado mucho porque tenía gente. Y ya. Nada más me dijo eso.

—¿Y qué hicieron? ¿Durmieron ahí en el Confort Inn?

—No, no había habitaciones. Estaba todavía el congreso y todo el hotel ocupado. Además, nos pidieron que nos marcháramos. Así que nos fuimos a hospedar en el Fiesta Americana de Monclova. Aunque cuando nos hospedamos no pudimos dormir y fuimos a buscar a Héctor y nos encontramos un policía, lo paramos nosotros mismos y le contamos lo mismo. Y él me preguntó cómo venía mi hermano vestido, si conocía a alguien de Monclova y yo le dije que no. "Esto que están haciendo es muy delicado, tu hermano no creo que ande de parranda. Ojalá que lo puedas encontrar. Yo escuché por el radio de aquí de mi patrulla que a tu hermano se lo llevaron a la revisión. Y si a tu hermano no le encuentran nada, cualquier día por ahí aparece".

Así nos dijo. Y entonces yo le pregunté si nos podía decir en dónde los revisan a los detenidos o a dónde se los llevan detenidos, porque necesitábamos ver qué pasó. Pero él miró a su compañero policía, me miró a mí y contestó: "No señorita. Ahí si usted quiere seguir preguntando, yo creo que sí va a dar". Y luego se subió a su patrulla y se fue. No me contestó nada, Paula, nada. Y Enrique y yo nos fuimos al hotel, pero no podíamos dormir. Estábamos desesperados de un lado a otro de la recámara.

CAPÍTULO V
Libia

—¿Ya no fueron a bares o lugares así a preguntar?
—No, porque nos dijeron en recepción que nadie podía salir sin el permiso de la gente. Aunque yo en ese momento no sabía de qué permiso o de qué gente me hablaba ni nada, no entendía nada. ¡Absolutamente nada!
—¿Y qué pensabas?
—No podía pensar, estaba como bloqueada, en shock. No sabía por qué me insistían tanto los policías con el trabajo de mi hermano, a qué me dedicaba yo, a qué se dedicaba mi mamá, a qué se dedicaba todo mundo. Si mi hermano o alguno de nosotros teníamos hijos. Me preguntaban esas cosas... Y yo he ido pues a muchos lugares, dentro y fuera de México, y nunca me habían hecho ese interrogatorio. Era como un interrogatorio sin lastimarte.

Era como un interrogatorio sin lastimarte.

—Querían saberlo todo y yo les preguntaba por qué. "Es muy raro cómo ustedes están haciendo esto. Yo soy de Querétaro y allá no preguntan así", les decía yo. Pero no me creyeron, me decían que era chilanga. Yo que no, ellos que sí. Y así nos pasó con todos los policías con los que hablamos aquella noche. Y al final el joven del lobby nos dijo que no se podía salir sin el permiso de la gente y que mejor nos metiéramos en el hotel.

—¿Durmieron?

—No. Al día siguiente, viernes, fuimos al Ministerio Público para preguntar si había algún detenido con el nombre de Héctor Rangel Ortiz o algún nombre parecido o algo que les hiciera pensar en mi hermano. Y él me dijo que no, que no había ningún detenido. "Brenda", me dijo, "usted dice que se llama Brenda, ¿verdad?". Sí, le digo. "Y que está buscando a su hermano". Sí. "Ok, aquí no hay ningún detenido. O más bien, los detenidos que tengo no creo que sean su hermano". Y en eso me abre una puerta y veo unas celdas y unas manos agarrando los barrotes y supe que ninguna de aquellas personas era mi hermano. Pero igual le dije: "¿Me permite pasar?". "Pásale", me dijo. Y cuando entré vi hombres con tatuajes que parecían drogados, había unos en el suelo tirados agarrándose de los barrotes y en una sola celda había como unas ocho o diez personas.

—¿Tú nunca habías visto algo así?

—Jamás. Nunca en la vida. Me parecía una película.

—¿Y qué hiciste?

—Bueno, el Ministerio Público me preguntó qué tatuajes tenía mi hermano y yo le dije que mi hermano no usaba ningún tatuaje y les mostré una fotografía que llevaba en el teléfono. Fotos normales, en la calle, nada en particular sobre él.

—Fotos familiares, pues...

—Sí. Se las enseñé en el celular y él me contestó: "No, pues no lo hemos visto. Si sabemos algo, nosotros nos comunicamos con usted". Y cuando parecía que ya se iba a despedir, me dijo: "Espéreme por favor", y se fue a hacer una llamada y de regreso le dio el teléfono a su asistente que estaba atrás y a mí me dijo: "Oiga, disculpe ¿me puede dar su nombre otra vez?". Brenda Ivonne Rangel Ortiz. "¿Y el nombre de su hermano?", y yo les di el nombre completo de mi hermano, los nombres completos de Hugo y el de Irene. "¿En qué hotel se está hospedando?", me preguntó. Y yo se lo dije (por segunda vez). Y entonces la señorita de atrás le dijo: "Que le preguntes qué número de habitación", y él respondió: "No, no, ya con esto sabemos qué habitación".

—¿Por qué? No entiendo.

—Yo tampoco entendí nada, Paula. Me quedé fría en el mostrador. Enrique y yo ya empezábamos a tener mucho miedo. Pánico, mejor dicho. Y al salir de ahí nos empezaron a seguir las patrullas hasta que llegamos a donde está la agencia de Policía Federal y nos metimos corriendo, desesperados, para decirles: "Algo está pasando, no sabemos qué está sucediendo, nos están siguiendo las patrullas". Y le contamos todo lo que nos había pasado. Y el que estaba de encargado en el mostrador, me dijo: "Cálmense, cálmense ¿tu hermano no se dedica a nada malo? ¿Segura?". Segurísima. "¿Y ustedes?". Que no. Y entonces ya no pude más y empecé a llorar desesperada y quise saber por qué nos preguntaban esto todos los policías de Monclova? Y entonces salió otro policía y me dijo: "¿Sabe qué, señorita? Yo le recomiendo que se vaya. Váyase de Monclova porque la van a levantar". Y en ese momento fue como una alerta, mi cabeza explotó, yo lloraba, me abrazaba con Enrique, salimos de ahí y finalmente lo dijimos en voz alta: "Enrique, a Héctor lo secuestraron". Me salió del corazón (se le corta la voz). Y Enrique me abrazó y me dijo: "Vámonos de aquí Brenda", y en lo que nos alejábamos de la Federal nos empezaron a seguir otra vez las patrullas...

—Qué terror.

—Sí. Horrible, horrible, horrible. Conseguimos, y no sé cómo le hicimos, te juro que yo no sé si Dios nos cuidó o nos iluminó o algo milagroso sucedió... conseguimos meternos a un taxi y le pedimos al taxista que nos llevara al lugar a donde estaba esta gente y nos decía que no, que estábamos locos...

—¿Y el carro que les habían prestado?

—El carro lo dejamos estacionado en una placita comercial.

—¿Para que no los siguieran?

—Exacto, para que ya no nos siguieran. Y como cada media hora o cada cuarenta minutos cambiábamos de taxi. Y a uno le dijimos que todos nos decían que *aquí está esta gente*, pero que no sabíamos cuál era *esa gente* y si por favor nos podía llevar. Y nos respondió, muy convencido: "No, muchachos, ustedes están mal, no los puedo llevar. Aquí no existe nada de eso que está hablando". Los policías nos decían una cosa, el chavo del lobby otra y los taxistas otra más. Estábamos confundidísimos, no entendíamos. No reconocíamos México.

No reconocíamos México.

—¿Y todo eso lo hicieron por intuición?
—Sí, o porque no sabíamos qué más hacer. Y finalmente revisamos los cuatro corralones de Monclova para ver si en alguno de ellos estaba el vehículo de mi hermano o el vehículo que le habían dejado en garantía. Pero nada. Y mientras, le seguíamos marcando desde ahí al señor Mondragón que nunca nos contestó. Yo recuerdo como una pesadilla decirle a mi hermano Enrique: "Héctor está secuestrado, te lo juro que Héctor está secuestrado. Esto no es normal, algo está mal". Y decidimos regresar a Querétaro y contarles a mis papás. Después supimos que *esa gente* eran los Zetas. Pero en ese momento nos fuimos. "No vayan a regresar al hotel", nos dijo un conocido al que finalmente llamamos. No lo conocíamos mucho y teníamos años de no hablar. Le habíamos vendido ropa una vez y no queríamos meterlo en problemas, pero finalmente le hablamos y nos dijo: "No vayan a regresar al hotel". Y en efecto, pasamos con el taxi enfrente del hotel y vimos dos camionetas con hombres con armas largas. Yo me imagino que si hubiéramos bajado a buscar nuestra maleta nos hubieran agarrado a nosotros.

—¿Ahí dejaron las bolsas?
—Ahí dejamos todo. Porque me acordé de esas personas que no eran amigas pero a quienes conocíamos. Una vez nos habían comprado en Querétaro y no me había atrevido a molestarlos. Teníamos mucho tiempo sin verlos y no eran amigos, así como para pedirles un favor. Tampoco quería meterlos en problemas. Pero nos sentíamos acorralados y viendo la situación les marqué y ellos nos dijeron que nos fuéramos inmediatamente de Monclova. Que se ofrecían a llevarnos el carro que habíamos dejado estacionado en la placita comercial hasta el entronque de la entrada del municipio y que a Enrique y a mí nos sacarían escondidos en una camioneta. Pero que nos fuéramos. Que ni nos acercáramos al hotel por nuestras cosas. Yo no entendía nada. Me parecía un poco exagerado. Aquellas personas a las que recordé eran conocidos con los que no había hablado desde hacía tiempo y me pareció todo tan exagerado... pero en cuanto vi a los hombres con armas largas apostados afuera del hotel, dejé mi bolsa y dejé mi maleta. Yo llevaba ropa para dos días y teníamos pagado hasta el domingo, pero no regresamos y las cosas se quedaron ahí. Mi hermano Enrique y yo salimos escondidos, cambiamos de carro en el entronque de la entrada a Monclova, le dimos las gracias a aquellas personas que se habían arriesgado por ayudarnos y llegando al aeropuerto le entregamos el coche a nuestro amigo y nos subimos al avión. Temblando.
—¿Cuando llegaste al aeropuerto no te pareció todo irreal, imposible?

—¿Sabes qué sentí y todavía siento? Que era una película, no lo podía creer, no entendía cómo nos estaba pasando esto. Me acuerdo que de los nervios que yo tenía, el vaso de café que se me movía en la mano como si tuviera Alzheimer. Estaba nerviosísima, de verdad: nerviosísima. Me temblaba la cara, la boca, no sentía nada, caminaba como si el cuerpo no me pesara, escuchaba todo como si estuviera muy lejos, y hasta un soldado en el aeropuerto me agarró del antebrazo y me preguntó si me sentía bien. Y a mi hermano también. "Les pasó algo ¿verdad?", nos preguntó. Pero le dijimos que no porque teníamos mucho miedo. Y luego llegamos a Querétaro, hablamos con mis papás y mis demás hermanos y les dijimos lo que había sucedido.

—¿Y qué hicieron?

—¿Qué iban a hacer...? La que sí hizo fue mi hermana Arlette, quien se desesperó y agarró su coche de madrugada y se fue manejando de Querétaro a Monclova el domingo. Y llegó el día lunes con ese mismo Ministerio Público que me había preguntado en qué hotel estaba hospedándome, y él le dijo: "¿Sabe qué? ¿Usted quiere saber más de su hermano?". Sí, dijo mi hermana. Y el Ministerio Público la citó a las diez de la noche en un parque muy conocido de allá. Xochipila, creo que se llama.

—¿Tu hermana Arlette agarró el coche y se fue sola a Monclova sin decirles nada?

—Sí. Se fue con un amigo de ella que la quiso acompañar.

—¿Es mayor que tú?

—Sí, es mayor que yo.

—¿Y todos le dijeron que no fuera o cómo estuvo?
—No nos avisó. Nos dijo cuando iba en camino, cuando ya casi estaba por entrar a Monclova. Y al llegar le pasó lo mismo: los policías la estuvieron siguiendo y se tuvo que escapar porque la perseguían igual que a nosotros. Pero su amigo era libanés y le habló a su embajada para decir lo que estaba pasando, porque las patrullas se los querían llevar a ellos sin ningún motivo. Y les dijo a los policías, en español: "Si algo me pasa a mí, en mi embajada saben que ustedes me están deteniendo sin tener ninguna razón". Y dice mi hermana que ella siente que eso fue lo que los salvó porque en ese momento los dejaron ir y ya no les hicieron nada.
—Y ustedes, cuando Arlette les llamó para decirles que estaba yendo a Monclova, estaban todos juntos en la casa de tus papás o algo así ¿no?
—No. Le avisó a mi mamá y como yo vivía ahí con ella, supe luego luego y todo fue un shock otra vez. No podíamos dormir de la preocupación.
—Es increíble...
—Sí, lo fue. Fue una locura.

Hagamos una pausa.
Pensemos en Héctor, en Hugo, en Irene, en Brenda, en Enrique, en Arlette, sus papás.
Respiremos. Volvamos con ellos.

—Después de esos días todo fue muy difícil. Mi hermana fue citada en ese parque por el encargado de secuestros de Monclova, de apellido Zapata, y el Ministerio Público que nos había atendido a nosotros: Rogelio Ibarra. Y es increíble, Paula, pero los dos siguen laborando. ¡No lo puedo creer, siguen laborando! No les han investigado nada después de que yo he declarado en la Procuraduría de Coahuila, después que ellos sabían dónde estaba mi hermano porque me llamaron para decirme que si yo quería saber que no había ningún problema, que fuera yo o cualquier familiar directo para que dijeran dónde estaba Héctor y en qué situación.

—¿Eso cuándo te lo dijeron?

—Como a la semana de que mi hermano desapareció.

CAPÍTULO VI
Monclova

En la página de internet del Ayuntamiento de la ciudad dice algo así como:

> Monclova, es una ciudad del estado de Coahuila, en el norte de México. Está a 600 metros sobre el nivel del mar. Y es la primera ciudad en producción de acero no sólo de México, sino de todo Latinoamérica, lo que le ha valido el mote de "La Capital del Acero". Aunque también le llaman con cariño "Monclovita, la bella".
>
> Monclova, además, fue escenario de importantes sucesos en la historia de México y por muchos años capital de Coahuila y Texas. Sobrevivió a la ola de cambios políticos que ocurrieron a lo largo de los siglos y pasó de ser una región agrícola hasta consolidarse como un polo de desarrollo industrial en el norte del país.
>
> Hoy en día, Monclova es una de las cinco ciudades con mayor desarrollo comercial, industrial y financiero de México y la número 11 con menor rezago social. Por otro lado, su zona metropolitana se encuentra entre las 12 áreas urbanas más competitivas de México y

actualmente es la ciudad con la mayor productividad laboral del país.

A últimas fechas se han desarrollado diferentes obras a lo largo y ancho del municipio, con las cuales se pretende dar a esta bella ciudad un toque de modernidad y a su vez son obras que ayudarán en la agilización del tránsito vehicular; en las últimas administraciones de gobierno se han creado puentes vehiculares, en algunos otros sitios rotondas que se han adornado con monumentos que tratan alguna parte de la historia de México y de personajes de la historia de nuestro país.

Monclova se moderniza y a la vez crea espacios de cultura y de interés turístico buscando un atractivo más y a su vez ofreciendo mejores vías de comunicación a sus habitantes y a sus visitantes.

Así es que ¡vengan! Visiten "Monclovita la Bella" la gran "Capital del Acero".

Estaremos encantados de recibirlos.

Algo así: "Encantados de recibirlos".
Que es como decir: Los trataremos bien, pásenle, ésta es su casa.

—O sea que el sábado llegaron a Querétaro y le contaron todo a sus papás y pasaron el día pensando qué hacer o cómo reaccionar ¿o qué hicieron ese sábado antes de que Arlette se fuera?

—Como yo dejé mi número de teléfono, el de mi celular y el de la casa, los del Ministerio Público de Monclova me estuvieron llamando. No sólo cuando yo estaba en Coahuila sino cuando ya estaba aquí en

Querétaro. Y de nuevo, a mitad de la semana, me marcaron del Ministerio Público para decirme que fuera un familiar directo para allá porque tenían que hablar de lo de mi hermano.

—¿Arlette ya había regresado?

—Sí, Arlette ya había regresado. E inclusive los del Ministerio Público nos dijeron: "Es que su hermana no se presentó en el lugar que la citamos".

—¿Cuando la citaron a las diez de la noche?

—Sí. A las diez de la noche, en un parque.

—Qué locura.

—Incluso cuando yo estaba en la PGR de Querétaro para poner una denuncia, me entró la llamada del mismo Ministerio Público que me había atendido la primera vez, Rogelio Ibarra, pidiéndome que me presentara yo en Monclova cuanto antes, o mi mamá, o mi papá, o algún familiar directo para poder arreglar lo de mi hermano. Ésas fueron sus palabras. Y como nadie se presentó, no se volvió a comunicar, pero esa llamada quedó grabada ahí en la delegación de la PGR. Con eso fue que yo declaré en SEIDO, en la Procuraduría de Coahuila. Aunque no hicieron absolutamente nada.

—¿Grabaste la llamada?

—Sí. Bueno, está grabada pero yo no la tengo. Está en la delegación de la PGR.

—¿Y cómo la grabaron ellos?

—Porque en el momento que me estaban llamando, me dijo el licenciado en la delegación que lo pusiera en altavoz porque ellos tenían ahí grabadores. Así la jaló.

—Entonces el domingo regresó Arlette después de no ir a la cita y ustedes interpusieron una denuncia en Querétaro, ¿es así?

—Sí. Pusimos la denuncia en una agencia del Ministerio Público de Querétaro (la número 9 del estado) por la desaparición de mi hermano, de Irene y de Hugo. Mi hermana Arlette, además, levantó en Monclova una averiguación (que allá se llama *pesquisa*) y fue cuando comenzaron a llamarnos para decir que teníamos que ir. Mi hermana firmó y todo. E incluso el licenciado de la PGR de Querétaro me dijo: "Pregúntale al licenciado que te está marcando que para qué quiere que vayas tú o alguien directamente relacionado con Héctor hasta Monclova". Y cuando se lo pregunté, me respondieron: "Para ver si ustedes quieren arreglar lo de su hermano".

—¿O sea que la PGR de Querétaro fue buena onda con ustedes?

—La PGR sí, aunque sólo al principio. Luego todo está igual de podrido. Pero ese día nos dijeron que no les creyéramos, que lo que nos decían no era normal, que lo que nos preguntaban no estaba bien. Pero a nosotros que nos dijera que aquello "no era normal", sólo acrecentaba nuestra duda. De por sí veíamos que nada estaba funcionando, nada estaba jalando "normal". Así que yo me fui a Télmex y a Nextel y saqué todas las llamadas telefónicas de mi hermano antes y después de su desaparición.

—¿Conseguiste también los teléfonos del señor Mondragón?

—Claro que sí.

—Pero tú. No las autoridades.

—Sí, yo los conseguí. Y con mis hermanos estuvimos checando, minuto a minuto, cuántas llamadas se hicieron y a qué números. E incluso conseguimos saber de qué radio-base salían las llamadas y dimos exactamente con las direcciones. Así que a los quince días de que mi hermano desapareciera, nos regresamos nuevamente a Monclova Enrique y yo.

—¿Cómo le hicieron? ¿No tenían miedo de que los reconocieran?

—Sí. Pero nos vestimos como vendedores de flores para acercarnos a las casas y vimos que ahí tenían gentes armadas afuera, camionetas sin placas, carros sin placas, como chocados o averiados. Y toda esa información la escribíamos y se la mandábamos a mi mamá para que ella llamara a la PGR y dieran alerta para que fuera la policía a hacer una emboscada... ¡o qué sé yo! Que fueran a ver por qué metían a tanta gente a esos lugares. Pero nunca fue nadie.

—¿Cómo se te ocurrió hacer eso? ¿Cómo se te ocurrió disfrazarte de vendedora de plantas? ¿Cómo te atreviste a regresar, llegar hasta las casas? Me parece tan valiente.

—No sé... Me lo han preguntado muchas veces y no sé. En ese momento mi hermano Enrique y yo pensábamos juntos y juntos se nos ocurrió eso.

—¿Cómo se disfrazaron? ¿Compraron plantas y todo?

—Compramos flores en un mercado, muchas flores. Y a uno de los albañiles que estaban trabajando ahí cerca le compramos una carretilla y ahí pusimos las flores y unos listones que compré en una mercería para hacer arreglitos de flores y empezarlos a vender. Y así fue que logré acercarme a las casas de seguridad.

—¿Alguien les compró flores?

—Sí, dos personas. Y a uno de los de las casas, de hecho, le regalé unas flores para poderme acercar. Les ubico la cara perfectamente.

—¿Eran las casas a las que había llamado el señor Mondragón?

—Sí y estaban llenas de gente. Lo sé porque yo me metí ahí. De hecho me tocó ver cómo estaban golpeando a una muchacha, pero (desgraciadamente) me hice mensa y agarré la carretilla y me seguí caminando. Y luego luego le dije a Enrique: "Esto es otra cosa. Algo muy grave pasa aquí, y esto está más cabrón de lo que tú y yo estamos creyendo. Nos regresamos nuevamente...".

—¿Cuántas casas eran?

—Cuatro casas en el mismo Monclova.

—¿Juntas?

—No, en diferentes colonias.

—¿Y en cada casa vieron lo mismo?

—Sí. Bueno, lo de las flores nada más lo hicimos en una colonia, en una de las casas. En otra nada más así nos cambiábamos de ropa: yo me puse una falda larga, diferente a como me visto comúnmente.

—¿Como hippie?

—No, no tanto como hippie. ¿Sabes cómo? Como pordiosera.

—Y te acercaste a una casa.

—Sí, me acerqué a una de estas casas con la cobija súper sucia, oliendo a orines, como las que tienen los indigentes. Me la puse, ni modo.

—¿Y igual? ¿Gente con armas largas?

—Igual.

—¿Y no te dijeron nada?

—No, porque yo olía mal. Hasta se burlaron de mí pero no veían ni siquiera la cara porque yo estaba tapada (aunque iba viendo todo).

—¿Y qué decías? ¿O no les dijiste nada?

—No, nada. Pasaba tosiendo. Hasta siento como si hubiera sido yo una actriz en ese momento. No sé, no sé, algo nos ayudó a hacer todo aquello y obtener información. Pero cuando nos regresamos a Querétaro y dimos esas direcciones, no hicieron nada.

—Disculpa, ¿cómo te acercaste a las otras dos casas? ¿Igual vestida de pordiosera?

—No. En taxi.

—¿Y a la cuarta también en taxi?

—No, para la cuarta le pedimos de favor a un amigo de otro municipio que nos prestara a alguien de los señores que trabajan con él para que nos acompañara. Y el señor sólo nos dijo: "No hay ningún problema, sólo les voy a pedir un favor: no sé a dónde quieren que los lleve pero sí los voy a llevar porque me lo pidió el patrón. Pero ustedes pónganse gorras, usted señorita quítese los aretes y usted por favor pónganse lentes", y le dio a mi hermano unos lentes de aumento. Y así nos fuimos, acompañados, como cualquier familia que pasa por la calle.

—¿Y dónde golpeaban a una muchacha?

—En la primer casa, la de las flores.

—¿Y pudiste ver adentro?

—Es que las puertas de allá son como las de Estados Unidos: de laminitas blancas que se suben, eléctricas.

—Tipo persiana.

—Sí, y cuando estaban abriendo iban metiendo una camioneta y a una de las muchachas que estaban adentro la estaban golpeando contra la pared...

—Qué espanto.

—Sí. Y eso que no vi más. Pero había gente, había familias viviendo cerca de esa casa y yo no entiendo cómo no daban aviso a la autoridad o qué chingados.

—¿Por miedo?

—No lo sé. A lo mejor estaban coludidos. No lo sé. De hecho, en la investigación que nosotros hicimos, dimos con mujeres involucradas en la desaparición de Héctor. Una de ellas estaba en la radio-base, de nombre Cecilia. Son dos señoras que tienen hijos, ¡dos mamás! Una de aproximadamente 55 años y la otra de 47. Y las dos están involucradas en la desaparición de Héctor. Aparte yo hice depósitos cuando me entrevisté con unos de los Zetas y me pidieron 50 mil dólares para liberar a Irene. Y lo que más recuerdo es cómo se refería a ella, tan despectivamente...

CAPÍTULO VII
Enrique y Arlette

—Cuando regresaste de Monclova con Enrique, ¿fueron con las autoridades de Querétaro para aportar las direcciones de las casas?

—Sí.

—¿Y levantaste una denuncia?

—Sí, sí. En el Ministerio Público del estado de Querétaro (agencia número 9).

—¿Y ellos qué hicieron?

—Nada. Me dijeron que no podían proceder porque no era jurisdicción de ellos y que no era competencia suya investigar en Coahuila. Y yo les dije: "Entiendo lo que me está diciendo perfectamente, lo comprendo. ¿Pero cómo no va a ser investigación de ustedes si a mi hermano lo sacaron de Querétaro? ¿Por qué se lavan las manos diciendo que no pueden hacer nada? ¡Sí pueden! Lo sacaron de Querétaro". Además, en las llamadas que yo tenía vimos que había más direcciones del estado de Querétaro.

—¿Relacionadas con el teléfono del señor Mondragón?

—Del Señor Mondragón, sí.

—¿Al que tú seguiste llamando?

—A quien yo seguí llamando, sí. Aunque nunca me contestaba.

—¿Nunca más has vuelto a hablar con él o con su esposa? ¿Ni te has encontrado a sus amigos o a sus familiares? ¿Nada? ¿Nunca jamás?

—Nunca jamás[1].

—¿Y con esto darías por hecho que están coludidos?

—Claro, por supuesto. ¡Es una red enorme! Porque a mí no me contestaban, pero yo veía cómo desde ese teléfono mandaban mensajes a otros números y hacían llamadas a otros lugares y a otros estados.

—¿Y trataste de hacerle llamadas desde otro teléfono?

—Claro, pero no me contestaba. Llamé incluso desde Monclova y no me contestaba, no me contestaba... Creo que contestaba sólo algunos números.

—¿Sabías dónde vivía?

—No. Pero a raíz de la investigación que hicimos en mi familia, supe todas las direcciones en las que vivió cuando estuvo aquí en Querétaro. Pero también en Michoacán, en Guerrero, en Coahuila, en Sinaloa y en Matamoros, Tamaulipas. Estuvo viviendo en muchos estados, y cuando nosotros hicimos la investigación tras ver las redes telefónicas, botaron llamadas

---

1 La supuesta esposa del Señor Mondragón A., N, quien tenía contraída una deuda de 90 mil pesos con Héctor Rangel Ortiz, desapareció en Zinapacuaro, en el estado de Michoacán, en el año 2010, un año después de que desapareciera Héctor. En la ficha de su desaparición se dice que tenía 37 años, 9 meses y 13 días en el momento de la desaparición.

en Tamaulipas, Guerrero, Coahuila, Sinaloa, Jalisco, Estado de México y Querétaro. Por eso no comprendía que las autoridades no pudieran hacer esta investigación, si nosotros sin saber hacer la estábamos haciendo.

—¿Hasta cuándo rastreaste las llamadas del Señor Mondragón?

—Durante un tiempo.

—¿Y por qué pararon?

—Porque los números fueron reasignados a otras personas.

—¿Y cómo lo supieron?

—Pagando. El teléfono estuvo activo hasta julio del 2010 y luego lo apagó (porque yo hablaba constantemente.) Lo volvió a prender como en noviembre de ese mismo año (y yo llame y llame.) Hasta que lo volvió a apagar como en marzo de 2011. Y así constantemente hasta que hubo un tiempo, como de seis meses, que no estuvo prendido en ningún momento. Y la compañía Telcel después de un tiempo sin uso reasigna los números.

—¿Qué le hubieras dicho si hubieras podido hablar con él?

—Que sólo quería saber en dónde está mi hermano, porque él lo sabía. Aunque como cada vez sabíamos más, también le hubiera querido preguntar más cosas. Porque después de obtener toda la información, una de las personas de los Zetas se acercó a nosotros en Querétaro.

—¿Cómo?

—Nosotros teníamos otro proveedor aquí en Querétaro, de nombre José, que me llamó a los quince días de que Héctor desapareciera y me dijo que ya iba a empezar la temporada buena en diciembre y que necesitaba que yo le surtiera. Cuando me llamó nosotros estábamos idos, buscando a Héctor, sin pensar en nada. Así que fui a su domicilio y le dije que mejor me pagara lo que me debía y que después ya veríamos. "¿Qué te pasa?", me preguntó. Nada, nada, le dije. Pero me debía 18 mil pesos y es por eso es que fui a su casa. Para pedírselos.

—O sea que ustedes estaban esperando una llamada.

—Sí, exactamente. Y ya estábamos juntando el dinero porque pensábamos que nos iban a pedir el rescate de Héctor. Incluso el señor José me dijo que le había estado marcando a Héctor para venderle unas camisas, y que Héctor no contestaba su teléfono. "¿Por qué?", me preguntó. "¿En dónde está Héctor?". Y yo finalmente troné, se lo conté y él me dijo que conocía a esa gente. Pero que no me los quería presentar porque me podía pasar algo, que era gente muy mala. Yo me quedé muy sorprendida, pero le supliqué que nos ayudara. Y finalmente me habló de un señor que podía saber algo pero no me dijo cómo se llamaba (aunque después de las investigaciones supe que se llama Óscar Omar Lavín Lechuga[2]).

---

2 "Óscar Omar Lavín Lechuga, único detenido en el caso de una triple desaparición en Coahuila y quien aceptó su participación en el caso, salió libre al ser procesado por extorsión y no por secuestro". Le cambian delito a implicado en desaparición y sale libre. Animal Político. París Martínez. 6 de agosto de 2013: <<bit.ly/1VbrDBd>>.

—Qué situación, Brenda...
—Sí, nos han pasado tantas cosas por querer a mi hermano.

Por querer a mi hermano.

—Yo ese día estaba extremadamente nerviosa y vulnerable y me puse a llorar y le dije que no sabía en dónde estaba Héctor, no sabía qué pasaba, si se lo llevó la policía o quién. Y entonces mi proveedor frunció el ceño y me preguntó cómo sabía de la policía. Y yo le conté que había ido a Monclova a verlos. "¡¿Cómo que fuiste?!", gritó. Y yo todavía le dije: "Sí. Y ya tengo las llamadas telefónicas de los que los tienen". Y cuándo me preguntó quién me había ayudado con eso y yo le dije que lo habíamos hecho nosotros, quiso saber quién me proporcionó los números. Pero no se lo dije, sólo le contesté que tuve que ir a pagar a alguien. Se súper malviajó y me dijo: "A ver, espérame ¿traes celular? Apágalo. No quiero ni que estornudes, súbete y espérame. Le voy a hablar a una persona para que venga. No quiero que él sepa que está alguien aquí conmigo". Entonces le marcó a alguien y ese alguien llegó en menos de diez minutos a su domicilio, se metió y mi proveedor le dijo: "Oye, Óscar, fíjate que tengo una conocida que tiene un hermano que está allá arriba ¿crees que se pueda?". Y yo escuchando todo sin poder creerlo, Paula. Absolutamente todo. "¿De qué se trata? ¿Quiénes son?", preguntó el recién llegado. "Unas amigas, unas amigas", le dijo sin contarle más. "Ok, está bien. Déjame marcarle a May, ahorita le digo si a ese güey ahorita lo tiene ahí. Y no hay bronca, si lo tienen ahorita lo chispan", así le dijo.

—¿Tú estabas escuchando todo esto?

—Sí, en la casa de mi proveedor. Me había dicho que me subiera las escaleras y que apagara mi teléfono y que ni estornudara. Como si me estuviera ayudando, ¿me explico? Y cuando se fue esta persona por el vidrio de la ventana vi cómo se despedía de mi proveedor y se alejaba caminando. Y luego luego Antonio me gritó: "Ya puedes bajar. Me van a pasar un número telefónico al que tienes que comunicarte para preguntar por tu hermano". Y yo, muy agradecida, le dije que ahí traía mi celular y mi Nextel. Que desde ahí mismo podía marcar. Pero él me dijo: "¡No! Ve y compra un celular al Oxxo pero no vayas a dar ningún dato tuyo, no vayas a dar ningún dato de nadie, tráelo en blanco y ahorita lo llenamos". Y como yo no llevaba ni un peso, salí de ahí y fui a la casa de mi mamá y me encontré a mi hermana Arlette y les conté. Arlette quiso acompañarme. Así que juntas fuimos al Oxxo y de ahí regresamos a casa de nuestro proveedor y al llegar nos tiró una tarjeta blanca con un número apuntado. Nada más. Pero cuando yo vi ese número me quedé sorprendidísima, sorprendidísima porque para nosotros fue un golpe terrible, terrible...

—¿Por qué?

—Porque el número que él me dio era uno de los muchos del Señor Mondragón a los que yo había estado llamando.

—¡No!

—Y ya no pude más y comencé a llorar, desconsolada. "¿Por qué lloras", me preguntó. "Porque esta persona sabe en dónde está mi hermano, él supuestamente vio a mi hermano, esta persona lo tiene". ¿Cómo?, me preguntó sin entender. Y a mí, que estaba hecha puré, se me salió decirle que estaba sacando los nombres y las direcciones y que aquel teléfono aparecía entre ellos. Y mi proveedor en ese momento se levantó, se empezó a jalar el cabello y nos decía: "No mames ¿Quién te ayudó con esto? Que conste que yo no tengo nada que ver, yo nada más te quise ayudar; puta madre, yo no quiero meterme en problemas, a mí no me vayas a involucrar en nada, yo no quiero saber nada y hasta aquí te puedo ayudar, yo ya no te puedo ayudar más, no quiero saber nada, por favor, no te puedo correr de mi casa y le tengo que decir a este cabrón que tú ya sabes y no te puedes ir de mi casa porque si no vienen y me matan a mí". Estaba en shock, y Arlette y yo nos volteábamos a ver sin entender por qué y en menos de cinco minutos entró el tal Óscar que había ido antes, aventando la puerta. Y de inmediato, sin mediar palabra, me metió la mano en la nuca, me jaló del cabello y me gritó: "A ver, hija de tu pinche madre", y ahí comenzaron las agresiones. Así, de entrada, me dijo: "Tu hermano está con nosotros, cabrona, perra, hija de la chingada ¿No has puesto denuncia, verdad? Aunque si pusiste denuncia me viene valiendo madre porque esos cabrones están controlados. Nada más te voy a decir una cosa: tú no sabes con quién estás sentada. Estás sentada con el mismo diablo. Idiotas, dejen de llorar. Lloran como la Llorona, pendejas. Si quieres que a tu hermano le den de comer necesito que me des 20 mil pesos ahorita. ¿No quieres que le den de comer unas tortitas calientitas? Lleva cuatro días sin comer porque es un pendejo que no quiere entrarle". Y me empezó a manotear y a golpear en la mesa y a decir que yo no sabía cómo era, que las cosas estaban de su lado y se hacían como ellos decían, no como nosotros proponíamos.

—¿Y Arlette ahí delante?

—Sí, llorando y llorando. Y él la pateó dos veces en el estómago, en el suelo y le dijo que dejara de llorar. Le gritaba: "Deja de llorar, pareces la Llorona, pendeja. Pídele a tu Dios". Porque mi hermana y yo somos creyentes y yo decía: "Diosito, por favor, que esto sea una pesadilla". Y le suplicaba: "Por favor, se lo ruego, no le pegue a mi hermana". Lo recuerdo tanto... me acuerdo muchísimo de todo lo que me dijo... "Tu hermano es un puto, a tu hermano ya le dimos, tu hermano no aguantó los pinches tablazos, llora como puerca. Tú tienes más huevos que ese güey".

—Qué fuerte.

Brenda solloza, pero sigue hablando, como si quisiera que todos la escucháramos, que todos entendiéramos, la acompañáramos, quisiéramos tanto a Héctor como lo quiere ella:

—Me gritó que en ese momento le diera 20 mil pesos para que le dieran de comer a mi hermano, que llevaba cuatro días sin comer y me dijo: "¿No quieres que le lleven unas tortas calientitas, cabrona?". Y yo le dije que sí, que sí, que ya no le pegaran, que se lo suplicaba, que ya no le pegaran y que juntaríamos el dinero que necesitaban. Y de hecho, después de aquel día comencé a hacerle varios depósitos. Ahí tengo las copias del dinero mandado a Monclova, a nombre de un señor Erick, a quien ya llamaron a declarar y nada más dijo que él recibía depósitos de diferentes partes de la república y que le daban una comisión, pero que no sabía de qué o por qué eran esos pagos. Y lo dejaron libre.

—¿Y los demás?

—Pues yo fui a la Procuraduría de Querétaro a decirles dónde vivía ese tal Óscar que nos mantuvo un día encerradas en casa de mi proveedor y pateó a mi hermana y me golpeó a mí y nos maltrató tanto. Pero no me hicieron caso. La Procuraduría me decía que yo estaba loca, a pesar de las pruebas y las llamadas telefónicas. Finalmente tuve que ir a SEIDO y pedir que me ayudara la Policía Federal Ministerial y ellos sí vinieron, rompieron la puerta de su casa, se metieron y encontraron droga y encontraron a Óscar junto con otros dos (a los que no se los llevaron detenidos). Estaba drogado en ese momento y así consta en la declaración.

—¿Y no volviste a saber de él?

—Sí, un par de veces. De hecho, un día me lo encontré en la ciudad de México. Y me escondí: me aventé a un puesto ahí en el suelo y la señora del puesto me preguntaba que qué me pasaba y yo llorando le pedía que se callara, que por favor me cuidara, porque me querían hacer algo malo. Y luego lo vi dos veces en Querétaro y finalmente en el juicio. Del que salió libre. ¡Está libre, Paula!

—¿Y dónde vive ahorita?
—No sé. Pero antes, cuando me retuvo en casa de mi proveedor, me dijo que me iba a abrir el estómago de lado a lado hasta que me sangrara, que me iba a quemar los ojos viva, que no iban a dejar un solo pedacito de mí, que me iba a matar. Y miraba a sus compañeros y les decía: "Cabronas como ésta son las que necesitamos". Pero yo no entendía. Yo sólo le decía que le juraba que no sabía por qué se habían llevado a mi hermano, que quería que me dijeran por qué a Héctor, que me lo regresaran. Y él me decía: "Tu hermano es un puto. Bueno fuera que te hubiéramos agarrado a ti, otra cosa sería".

Bueno fuera que te hubiéramos agarrado a ti.
Brenda solloza. Y en todo México llueve. O debería.

CAPÍTULO VIII
Ciudad de México

—No sé por qué se llevaron a mi hermano, no han encontrado al Señor Mondragón, no se sabe nada de la N, no han encontrado a nadie ni han detenido a los policías. Los policías que se llevaron a mi hermano no están detenidos... Hay muchísimas irregularidades y muchísima información. Pero porque nosotros hemos investigado y se la entregamos en mano a las autoridades para que ellos lo corroboren y hagan el proceso legalmente. Pero ni así lo han hecho.
—¿Ellos, por sí mismos, no han hecho nada?
—No.
—¿Ni en Monclova ni en Querétaro?
—En Querétaro no nos han entregado nada ni han hecho nada, hasta la fecha siguen completamente indolentes. Aquí vivieron muchos de los que tienen vínculos con la delincuencia organizada y que se llevaron a mi hermano. Y siguen viviendo algunos. Yo misma les conseguí las direcciones de tres que están aquí en Querétaro. Pero no han hecho nada. Aun cuando han desaparecido ya a muchísima gente aquí, no han hecho nada. Han seguido recibiendo toda esta información

y basta. Incluso nosotros convocamos a una manifestación pacífica para el 10 de noviembre de 2013. Y el día 1 de noviembre, cuando yo todavía estaba embarazada de mi segundo hijo, llegaron a mi domicilio cerca de treinta personas vestidas de civiles, algunos uniformados y otros con pasamontañas. Apuntaron hacia mi casa y cuando salí para preguntarles qué pasaba y por qué estaban haciendo aquello, me dijeron que habían recibido llamadas de que en mi casa había armas. Ahorita te lo platico tranquilamente pero en ese momento yo me solté a llorar, frustrada, enojada. "¿Por qué me hacen esto?", les pregunté. "Nosotros sólo recibimos órdenes, señora, órdenes del gobernador y del procurador", me dijeron. Y luego me sugirieron que ya me quedara callada, que ya no siguiera insistiendo con lo de mi hermano, que no convocara a más marchas. Pero ¿yo qué me iba a callar? Además, cada vez hay más desaparecidos aquí y la gente me busca para que yo les ayude. Y hasta nos hemos organizado en un grupo. Pero ellos, siempre y de diversas maneras, me dicen que ya no ayude a la gente, que ya no les están diciendo qué hacer o cómo hacerle.

—Qué poca, Brenda. Qué impotencia.

—Soy muy incómoda para el gobierno. Muy incómoda, Paula.

—¿Tú y tus hermanos?

—La que da la cara soy yo.

—¿Recuerdas cómo era tu vida de antes o ya te parece un sueño?

—Es como un sueño. Todo esto me ha pegado mucho, emocionalmente, y hay días que ya no quiero ni siquiera despertarme, abro los ojos y quiero volver a dormir, no tengo ganas ni ánimos de nada. Ya no salgo a ningún lugar, se acabó mi vida social, se acabó todo. No tengo nada, de verdad: ningún deseo, ningún anhelo de algo, todo quedó truncado, como si me hubieran echado una cubeta de agua helada y estuviera congelada. Así me siento. Antes éramos una familia común, corriente, normal.

Normal.

—Salíamos, viajábamos, nos reíamos, íbamos a las fiestas, íbamos a los bares. Pero ahora no le encuentro sentido a la vida, ni le encuentro sentido a nada, no me interesa nada que me puedan platicar... Me he vuelto muy dura. Todo este tiempo yo siento que me ha hecho ser dura, que ahora me cuesta mucho trabajo sacar. Antes lloraba lágrima tras lágrima pero ahora me cuesta más. Mi garganta está hecha nudo.
—¿Y cómo le haces?
—Me levanta el amor que tengo por Héctor, él es quien me mantiene de pie (solloza) y lo que vale mi hermano y el ser humano que es y la persona que es. Es por él que seguimos en esta lucha, porque definitivamente acabaron con toda mi familia. Hoy veo a mis sobrinos y no son como todos los niños comunes y corrientes. Viven en pánico, andan en la bici y están volteando para todos lados, vamos en el coche y están cuidándose de los policías, cuidándose de la gente. O vamos a algún

restaurante a comer y es lo mismo. Pierdes tu libertad, pierdes tu vida. Pierdes todo, absolutamente todo.

—¿Y tus hijos?

—El más grande es el que más lo ha resentido de todos los sobrinos porque es mi hijo, vive conmigo y está muy pegado a mí y sabe todo lo que sucede. Lo entiende perfectamente... Es muy despierto a comparación de sus primos y a los demás niños, pero vive pensando en los desaparecidos, vive pensando en cómo ayudar, vive pensando en qué hacer, en encontrar a su tío. Me acompaña a las marchas, lo veo gritando, llorando lleno de rabia que *vivos se los llevaron, vivos los queremos*.

—¿Qué te queda por hacer? ¿Qué esperas?

—Estoy esperando la detención de los policías y la declaración que ellos den para saber en dónde está mi hermano o qué fue lo que pasó[3]. Porque ellos fueron quienes se llevaron a Héctor y se lo entregaron al crimen organizado.

—¿Tienes miedo o ya no?

—Sí, sí tengo miedo. ¿Pero sabes qué tengo? Siento que estoy como bloqueada. Sí tengo mucho miedo porque sé quién es él, sé todo lo que hacía, todo lo que él permitía.

—¿Qué no has hecho?

—Pues no sé. Pero sigo. Estuve en un plantón de 17 días fuera de Gobernación, en Ciudad de México, porque no avanzaba la investigación de Héctor, con

---

[3] Finalmente hay cinco policías presos relacionados con la desaparición de Héctor, Hugo e Irene. Pero ninguno está preso por estos hechos. Todos pagan pena por otros delitos.

la señora Julia Alonso[4]. Tengo amenazas de muerte por estos cabrones. He hablado con ellos y los he tratado como personas, como seres humanos, independientemente de lo sanguinarios que sean y lo enfermos que están. Les he pedido que por favor me escuchen, que quiero saber por qué se llevaron a Héctor, qué le hicieron, dónde está.

—¿Denunciaste al señor que te golpeó en casa de tu proveedor?

—No, ya no. Tenía muchísimo miedo. ¡Pavor! Porque no sólo me lo encontré en ciudad de México, me lo encontré en Querétaro en dos instancias y me pareció evidente que él no tiene miedo o que a alguien conoce aquí. Incluso cuando lo detuvieron me dijo que, si algo le pasaba a él, el procurador de Querétaro "ya sabía qué pedo". Así me dijo. Y, de hecho, cuando ha habido reuniones con el procurador yo se lo he dicho: "Yo no sé usted qué tenga que ver o si tiene las manos sucias, porque este cabrón, textualmente, me dijo que *usted sabía qué pedo*". Se queda helado y se pone rojo, pero no me contesta nada.

—¿Por qué te hiciste portavoz de tu familia? ¿Así salió?

---

4 "Julio Alberto López Alonso, hijo de Julia Alonso, desapareció el 12 de enero de 2008, en el municipio de Santiago, Nuevo León, a donde había llegado tres días antes de vacaciones, para esquiar en la presa La Boca. Desde entonces, ninguna investigación real ha sido gestionada por las autoridades y toda la información con que se cuenta la ha recabado ella". París Martínez: *Mamá de joven desaparecido se declara en plantón frente a la* SEGOB. Animal Político. 2 de agosto de 2013.

—Así salió porque mi hermana mayor tiene cuatro hijos y no podía desplazarse tan fácilmente, Enrique tenía que continuar con el negocio familiar, aparte de que él tiene su propio negocio, pero como el que se hacía cargo de todo eso era Héctor, alguien tenía que sacar el negocio adelante y Enrique se dedicó a eso junto con mi mamá. Y ahorita mi hermana menor también anda ocupada con sus hijos. Estamos todos ocupadísimos, pero finalmente la que tenía más disponibilidad y más espacio y más tiempo, era yo. Y así se fue dando.

—¿Te ha servido tu carrera de leyes en esta búsqueda?

—En algunas cosas. Pero como mi esposo, que es el papá de mi segundo hijo, es penalista, él sí me ayuda muchísimo a ver toda la averiguación y lo legal. Está involucradísimo con el asunto de Héctor.

—Qué suerte has tenido en eso.

—Sí, gracias a Dios. En todas las exigencias y todas las reuniones que estoy teniendo siempre está presente mi esposo acompañándome.

—¿Y tú con el tiempo conseguiste hacer un informe? Por ejemplo, ¿cómo le hiciste para saber que esta señora Cecilia o que esta otra señora de 54 años estaban involucradas? ¿Fuiste juntando piezas?

—Con las llamadas telefónicas yo fui investigando los domicilios y por los domicilios pude identificar a las personas. Y supe que ellas permitían que esa gente les llevaran personas y ellas los cuidaban por unos días y luego los cambiaban de lugar. ¿Cómo lo sé? Pues porque yo estuve ahí checando y no nada más eso. Por ejemplo, cuando le pedí a una agente del

Ministerio Público en Coahuila que fuera a uno de los domicilios a investigar, ella me comentó que fueron por una señora llamada Elda, que tocaron el timbre y no salía nadie a abrir y que cuando regresaron había ocho camionetas con hombres armados y se bajaron puros hombres para preguntarle que a quién buscaba, y cuando ella les dijo que buscaba a una señora de nombre Elda, uno de ellos le dijo: "Yo soy Elda, ¿qué quieres?". Así que la agente del Ministerio Público ya no regresó. La amenazaron de muerte y "ya no puedo regresar, Brenda, discúlpame", me dijo.

—O sea que las autoridades no te han ayudado o porque están coludidas o porque también han sido amenazadas.

—En ese caso, la licenciada fue amenazada. Los demás están coludidos. De hecho la agente del Ministerio Público que lleva actualmente la averiguación de Héctor en Coahuila ha encontrado que están involucradas las autoridades, los policías, la gente de la misma Procuraduría... y me dice: "Pero todo esto en cualquier momento va a explotar, señora, porque usted ha investigado demasiado y van a salir muchos nombres y va a salir muchísima gente embarrada, por eso es que nadie le quiere atorar a su asunto porque está muy cabrón, usted ha investigado muchísimo, lo que muchos no han hecho".

—Pero eso es porque tú te has movido, no porque quisieran más a Héctor que a Irene. ¿No?

—Exactamente, es porque yo me he movido, no porque Héctor fuera especial.

—¿Y la familia de Irene y de Hugo?

—Hugo fue abandonado por su mamá desde los 5 años y su papá falleció hace como unos 12 años, así que quien lo busca somos nosotros. La mamá se nos acercó hace apenas un par de años y nos dijo que ella no quería problemas y que por favor no pusiéramos ninguna denuncia por lo de su hijo y que seguramente su hijo ya estaba descansando y que lo dejáramos así, que no quería saber nada. Y la respetamos, por eso es que a veces no hablo de Hugo porque tengo que respetar la decisión de la mamá.
—¿Y la familia de Irene?
—La familia de Irene vive en unas condiciones totalmente tristes, muy pobres. Y además son muy necios, ellos piensan que yo tengo a Irene forzada a trabajar aquí conmigo y luego otras veces piensan que yo vendí... No pueden creer lo que está pasando, ¿me explico? De hecho pusieron una denuncia, que obviamente no procedió porque saben que está desaparecida.
—¿Te denunciaron a ti?
—Sí. Quien la contrató en la agencia de colocación doméstica fui yo y me culpan a mí de todo lo que le pasó. Y la verdad: yo no tengo la culpa.

CAPÍTULO VIIII
Héctor

Héctor es hoy un lugar en el que nos encontramos.
Un vacío en el que habitan Brenda y su familia.
Este lugar en el que ahora estamos, contigo, juntos.

Hoy es cumpleaños de Héctor. Hoy es tu cumple número 34. Y lo celebraremos como siempre. Con tu pastel en la mesa. Todos juntos. Y te lleguen las mañanitas hasta donde estés. Que si tienes idea y noción de los días y meses. Te festejes hijito. Y Dios perdone a esa gente que ha hecho mucho daño a miles en México. Me duele mucho, después de todo lo que la familia hemos dejado de tener una vida normal, hemos perdido todo el trabajo, la casa el sentido del día, hasta la propia vida, por poder encontrarte. Y no hemos tenido resultados. De qué sirve gente detenida. Eso no nos importa. Te queremos a ti Héctor. Queremos a Héctor Rangel Ortiz. Sólo queremos que nos lo regresen. Y cómo se que me lees, te ruego, te suplicó por lo que más Ames en la vida: Dime dónde esta. Te juro por lo más sagrado que te doy lo que me pidas y si no lo tenemos, buscamos la manera. Créeme no quiero afectar a nadie, a mi no me importa tener detenidos. Queremos a Héctor. Tal vez tú no participaste pero si sabes quién y dónde está mi hermano. Te ruego que nos digas. Dales la Paz a mis padres y familia de saber, si ya no está en esta vida. Ir por él y darle cristiana sepultura. Y si él sigue vivo también que vea a mis Papas. Te Suplicó, yo esperaré tu mensaje. Dios cuide tu camino y te remueva ese corazón. Te doy mi palabra que no daré la información a nadie [sic].

Feliz Cumple hijito.
Atte. Tu Familia que te ama.

Facebook de Brenda Rangel, un 21 de octubre

—¿Cómo son ahora las reuniones en tu casa?
—Súper tristes. Han habido dos navidades que no cenamos nada, sólo nos vemos, nos damos un abrazo común y corriente y alguien se sube a dormir. O cuando ha habido cena, cenamos, nos despedimos y a dormir. Los cumpleaños siguen siendo (solloza)... cada 21 de octubre, que es cumpleaños de Héctor, seguimos partiendo su pastel aunque no esté presente y es un llorar terrible. Un llorar, híjole (se le corta la voz). Es un momento súper doloroso y súper triste para todos. Yo creo que su cumpleaños es más difícil que cualquier cosa, porque desde que es de día hasta la noche estamos todos, todos, llore y llore.
—¿Quién los ha ayudado?

—Nadie, Paula. Solamente nosotros, como familia, hemos estado hombro con hombro y así hemos salido adelante. Pero en sí, alguien que nos haya apoyado en la búsqueda, en las informaciones, en las investigaciones... no.

—¿Y la prensa, los activistas, otros colectivos?

—Bueno, cuando estuvimos en el plantón fuera de Gobernación en huelga de hambre por 17 días, sí se acercaron varios colectivos como Brigada Solidaria o Nuestra Aparente Rendición. Sí fueron algunos y nos apoyaron mucho. Nos acompañaron emocionalmente. Y periodistas que nos hayan acompañado, pues Marcela Turati, que ha estado muy pegada y ha sido muy buena gente, Daniela Pastrana, Daniela Rea, Mónica González quien nunca se separó del plantón, los 17 días, y varios más.

—Pero ustedes han tenido la suerte de tener una familia muy unida ¿no?

—Sí, eso sí, seguimos todos súper unidos, Paula.

—¿Y en qué momento Amnistía te ayudo a ti?

—Amnistía Internacional nos ha ayudado mucho en exigirle al Gobierno Federal que nos escuchen. Y cuando llegaron armados los hombres que me mandaron el Gobernador y el Procurador para avisarme que cancelara la marcha, ellos se pronunciaron inmediatamente. Nosotros, aparte, pertenecemos a Fuerzas Unidas por Nuestros Desaparecidos en México y fundamos la asociación Desaparecidos Justicia A. C. Querétaro, por todos los desaparecidos de aquí. Y también ellos se pronunciaron inmediatamente. Incluso Gobernación mandó una carta para saber por qué habían enviado a estas personas pero nunca les han contestado nada. Yo he preguntado varias veces en la oficina de Derechos Humanos en Gobernación, pero siguen sin contestar.

—¿Y en Querétaro, alguien más?

—Los medios de comunicación en Querétaro están completamente comprados, no dicen nada, absolutamente nada de lo que sucede... sólo contamos con el apoyo de un par, los demás no sacan nada de lo que sucede.

—De hecho es uno de los estados más silenciados de la república.

—Sí, por supuesto. ¿Te imaginas que el gobernador nunca me recibió para escucharme de viva voz todo lo que pasó?

—¿Las redes te han ayudado? ¿El video que se hizo del plantón, el Facebook? ¿Te han ayudado o sólo te han acompañado?

—Sólo me han acompañado. Me han acompañado pero también obviamente encuentras gente a la que no le interesa verlo y te eliminan de Facebook... Incluso algún familiar.

—¿Es en serio?

—Sí, es algo bien doloroso y triste. A mi esposo, que trabajaba en el Poder Judicial, lo corrieron por haberse casado conmigo. Y así se lo dijeron: "Te casaste con ella, y pues qué pena". Y ahora está desempleado y pues bueno...

—¿El negocio cómo les va?

—Ha bajado muchísimo la venta. A raíz de lo que pasó con Héctor, nos congelaron. Sí vendemos pero obviamente ya no tenemos los ánimos de estar en el negocio tanto como estábamos antes.

—¿Y los amigos de Héctor se han acercado a acompañarlos?

—No, para nada.

—¿Ninguno?

—Sí, de repente. Una vez al año o si te los encuentras nos preguntan: "¿Ya saben algo, ya encontraron algo?", pero nada más. Nunca se han acercado a tomar un café con mi mamá o preguntarle o darle un abrazo o acompañarla... nada. No, no. Incluso a la misma familia, les vale. Te das cuenta de cómo lo que sucede no les importa. Mientras ellos sigan bien, todo puede continuar igual.

—¿Será que no les importa o que no saben qué hacer? ¿Puede que tengan miedo?

—Yo más bien siento que la gente es indolente. Si a ellos no les pasa, a ellos no les importa.

—¿Cómo encajan esta apatía?

—Pues porque entendemos que no existe la conciencia de que cualquiera somos vulnerables a ser tocados por esta ola de violencia. Yo culpo mucho a Felipe Calderón por haber permitido todo esto, por haber declarado una guerra estúpida, absurda, en contra de estos desgraciados, dementes, enfermos. ¿Cómo es posible que haya aventado todo eso sin alertar primero a los ciudadanos? Y todavía invitan a los ciudadanos de otros países a que vengan de vacaciones sabiendo que están peligrosísimas las playas y que en cualquier momento se pueden llevar a cualquier persona... Les vale madre. A ellos lo que les importa es nada más la economía. Yo en reuniones con el Gobierno Federal sí he hecho hincapié en preguntarles por qué no han enviado una alerta a nivel mundial de que en México no estamos bien, que tenemos una problemática de desaparición terrible, que somos miles los que hemos denunciado y que hay mucha gente que está debajo de la mesa escondida y que no quiere denunciar porque tienen un chingo de miedo o porque están completamente amenazados.

—O porque están solos y a lo mejor sin muchos de los recursos que tú tienes. Tú no has parado de inventar estrategias y encontrar caminos que lamentablemente otra gente no tiene.

—Gracias a Dios, sí. Pero esos recursos también se han ido acabando. El ir y venir dos tres veces a la semana a la ciudad de México, pagar a veces hoteles, pagar casetas, gasolinas, ir a Coahuila... es muchísimo el gasto que nosotros hacemos. ¡Por cada llamada telefónica pagamos alrededor de 20 mil pesos!

—¿¡20 mil pesos!?

—Sí, es lo que nos cobran por darnos la información de una línea pero porque es un delito federal proporcionar esa información y la gente que lo hace se arriesga.

—¿20 mil pesos por un mes de llamadas?

—No, no. Por sacarnos un número telefónico y darnos todos los datos de llamadas.

—¿Durante cuánto tiempo?

—Pues hasta el momento en que lo vas a buscar. Me sacan eso del sistema, me lo dan en una USB y ya.

—¿Y tú pagas 20 mil varos?

—Sí. Pero eso lo tengo que pagar porque la pinche autoridad no lo hace. Y cuando yo presenté todas estas pruebas con la juez cuando estuvo detenido Óscar[5] y le expliqué que marcó a este número, a éste, a este otro y que está coludido con estos y aquellos, y que muy probablemente los depósitos que se hicieron a Monclova desde otros estados son de personas también desaparecidas, la juez se me quedó viendo y me dijo: "¿Sabe qué, señora? Usted no va a poner aquí en tela de juicio mi decisión. El señor es inocente ¿A mí qué me está enseñando? Estas pruebas para mí no sirven, son números y números. Quítemelos de enfrente o los rompo". Así me contestó. Claro que yo entonces le pregunté si la justicia estaba de lado de la delincuencia o de las víctimas. Y ella todavía me dijo que él también tenía derecho a defenderse. De hecho me dijo: "Tiene derechos humanos". Y yo contesté: "Claro que sí, pero ¿dónde están los derechos humanos de mi hermano?".

Este libro podría haberse llamado sólo *Héctor*. Tal vez debería haberse llamado así. Por el hermano menor de Brenda. Por este mensaje que ella cuelga una y otra vez en internet:

---

5   Óscar Omar Lavín Lechuga.

Hola,

Mi nombre es Héctor Rangel Ortiz. ¿Sabes? Yo soy un queretano que injustamente fui desaparecido en Monclova, Coahuila, México. Y yo al igual que tú, también creía que esto jamás me iba a pasar.
　　Hoy no sé dónde estoy. Dónde me tienen.
　　Pero quiero rogarte y pedir que me ayudes a regresar a mi casa, compartiendo este mensaje.
　　¡Tal vez alguien me ha visto! O sabe de mí, sabe dónde estoy y me pueda reencontrar con mi familia.
　　Te lo agradezco mucho.
　　Espero que el día que regrese con mi familia les pueda agradecer a todos por su apoyo y solidaridad.
　　De verdad: ni yo ni nadie de los que estamos desaparecidos queríamos pasar esto, ni vivir una tragedia así.... Esta guerra absurda nos arrastró a miles de familias que hoy buscan incansablemente a sus seres queridos.
　　Hoy soy yo.
　　No esperes a que esta ola de violencia en México te llegue.
　　Comparte y no dejes de dar un me gusta a la página Buscando a Héctor Rangel Ortiz
　　¡¡¡¡Muchas gracias a todos por su apoyo a esta búsqueda incansable!!!!
　　¡¡¡Porque vivos se los llevaron y vivos los queremos!!!
　　México ni uno más, ni un desaparecido más.

No sé dónde estoy, dónde me tienen, dice Héctor. Pero esto le está ocurriendo también a su familia. Y a nosotros. Y a México. *Y a mi hermana Brenda*, creo que me diría Héctor si pudiera hablar con él, que por buscarme ha sido amenazada de muerte e incluso ha dejado de comer. Ella también está tratando de sobrevivir a la violencia, de convivir con el país, resistir, rebelarse. *Ella te contará*, creo que me diría Héctor. *Nunca se rinde.*

Y Brenda me lo contará,
con contundencia,
atolondradamente, a su manera que yo quiero que se lea en este libro.

Así: Las entrevistas que hemos dado en Querétaro, me dice, nunca han salido a la luz pública. Los mal llamados periodistas se las venden al propio gobierno y ellos las compran. Hemos recibido amenazas de muerte por parte del crimen organizado y acoso por parte del gobierno del Estado de Querétaro. Mandaron a mi domicilio policías y hombres vestidos de civil con armas largas. Amnistía Internacional hizo un comunicado inmediato para exigir al Estado Mexicano que detuviera esta intimidación y diera una explicación sobre lo sucedido. Y nosotros, cuatro años después en los que el gobierno de Querétaro no ha hecho ninguna investigación, convocamos a la ciudadanía a una marcha silenciosa por la desaparición de Héctor. Fue entonces cuando el gobernador y el procurador del Estado me mandaron a estas personas: unos treinta, entre los que vestían de policía y los que vestían de civil. Algunos con pasamontañas. Tengo el video donde se les ve llegar con armas largas a mi domicilio. Yo estaba en ese entones embarazada. Me dijeron que no hiciera mi marcha, que me callara. Porque el gobernador de Querétaro siempre ha insistido en que aquí no pasa nada. ¿Será porque tiene intereses políticos y quiere lanzarse para presidente de la república? No sé, lo cierto es que aquí hay muchos desaparecidos. Aunque las cifras se esconden y en Querétaro todo se calla, falta muchísima gente. A mi propio hermano se lo llevaron los Zetas de aquí del estado. Esto lo supimos tras las investigaciones que pudimos hacer como familia.

—No sé si quieras contar todo esto. No quiero ponerte en más riesgo del que ya vives. No sé si puedas volver a atravesar el dolor.
—Claro que sí, las veces que hagan falta. Porque es mejor que el caso se difunda. Que se sepa lo que está ocurriendo en Querétaro. Que se sepa que nos falta mi hermano Héctor. Que lo amamos. Que lo estamos buscando.
—¿Quién eres?
—Me llamo Brenda, soy hermana de Héctor y mamá de dos hijos: Mariano y Jesús. El mayor ha vivido conmigo lo de la desaparición de mi hermano, su tío. Le ha tocado darse cuenta todo. Ha visto armas y hombres que nos amenazan... Demasiado para su corta edad.
—¿Héctor está vivo?
—Sí.

CAPÍTULO X
Brenda

Paula, cuéntalo todo. No tengas miedo por mí.
BRENDA RANGEL

—¿A ti te llamaron para declarar?

—Sí. Me hicieron careo constitucional no procesal con una de las personas involucradas en la desaparición de mi hermano. Las dos veces estuvimos de frente y en las dos me retaba con la mirada y me decía: "Vas a ver pendeja, vas a ver cabrona, nada más que salga...". Y hoy está libre y yo sé que en cualquier momento me puede pasar cualquier cosa.

—¿Has pensado en irte?

—¿A dónde? No tengo dinero para poderme salir. Aparte, no podría irme sin tener a mi hermano, no podría irme y dejar las cosas así, no hasta encontrar a mi hermano. Después sí. Y creo que dejaría esto atrás como un mal sueño y trataría de restaurar la vida de mi familia y la mía propia, darme la oportunidad de ver lo hermoso que nos hemos estado perdiendo: cumpleaños, graduaciones de mis sobrinos, caminar sin miedo, tomar un café sin remordimiento, ir a la playa sin llorar, ver una película sin llorar, darle la mano a mis hijos y caminar por la calle como si nadie nos siguiera, ¡ser libres! Y dejar todo esto malo que nos pasó. Que regrese la esperanza y la vida que nos arrebataron, que regrese la paz a mi familia. No me importa lavar trastes, lo que sea, empezar de cero.

—¿Y sí te irías?

—Por supuesto que sí.

—¿Y tu familia?

—Mi familia completa se iría, porque no corro riesgo yo, corren riesgo todos. Mi sobrino tiene 17 años y cuando dice: "Voy a ir a una fiesta que me invitaron de unos 15 años", todos, todos nosotros le decimos que no puede ir. Y él también está frustrado de perderse tantas cosas.

—¿Y tus papás se irían también?

—Mis papás están desesperados. Todos quisiéramos irnos, pero al irnos nadie investigaría lo de Héctor. Y ya no sé... terminando de ver lo de... no sé, Paula, no sé. Yo pienso que terminando de encontrar a Héctor o algo... (dijo: *algo*) daría un cambio total nuestra vida. Yo espero en Dios volver a ver, volverlo a encontrar, tengo la esperanza de volverlo a abrazar y decirle cuánta falta nos ha hecho todo este tiempo.

—Ya son más de 5 años.

—Sí (respira, se ahoga, necesita más aire).

—¿Y tú, viendo todas las pruebas que conseguiste reunir, tienes alguna teoría de lo que pasó?

—Yo siento que uno de los policías que están involucrados en la desaparición de Héctor era uno de los cabecillas que trabajaban con los Zetas. A mi hermano lo detuvieron y lo entregaron a los Zetas, creo. Pero esos Zetas también estaban involucrados con el Señor Mondragón A. Y muy seguramente se llevaron a mi hermano por la declaración que hizo el señor Óscar Omar Lavín Lechuga, cuando me pidió los 50 mil dólares por Irene y me dijo que uno de los tres zapatos ya no estaban. Lo que me tiene con esperanza de que mi hermano esté con vida es que en ese momento empecé a llorar y le pregunté que qué había pasado, si habían golpeado a alguien demasiado, si uno de ellos había muerto. Y él me jaló de los cabellos y me dijo: "No, cabrona. A mí esos güeyes me sirven más vivos que muertos y los pinches 50 mil dólares que tú nos vayas a dar por esa pinche gata son menos de lo que ganaremos con ella". Se referían a Irene con mucho desprecio porque es la que hacía el quehacer en casa de mi mamá. Y yo no entiendo a qué se referían. No sé qué les daría más dinero que un rescate. No entiendo. Y tampoco entiendo qué está haciendo la policía ahora que están abriendo las fosas. A mí me han dado a entender, de alguna manera, que puede que mi hermano esté ahí o que tal vez no vayamos a encontrar de él ni un trozo porque lo deshicieron en ácido.

—¿Qué fosas? ¿Las de Coahuila?

—Las de Coahuila, sí[6]. Pero ni la vida de mi hermano, ni la sangre de mi hermano, ni todo el dolor que hemos sufrido tiene precio. Yo sólo quiero a Héctor.

---

[6] Las fosas de Coahuila a las que se refiere Brenda se abrieron en 2012 y hasta la fecha (2016) no se ha permitido a los familiares ver los cuerpos ni pedir pruebas de ADN.

—Hay veces en que las autoridades ofrecen dinero a las familias que ya pagaron extorsión y pagaron secuestros y nunca encontraron a nadie, para que se callen, ¿no?

—Exactamente. Yo siento que piensan que así van a acabar con todos nosotros, controlándonos para que ya se acabe este desmadre y nos calmemos.

—¿Qué sientes tú ahorita por México? ¿Te cambió tu idea de país?

—Claro, estoy totalmente decepcionada de nuestros gobernantes, estoy completamente triste porque les vale madre, porque ellos están ahí porque el pueblo los pusimos y porque ellos son la voz de nosotros, son la voz de todo el pueblo y no están volteando a ver las necesidades que hay en de la sociedad... ¡Necesidades urgentes! porque estamos hablando de personas desaparecidas. Pero parece que el tema no les importa, porque no les ayudan en sus intereses económicos.

—Al contrario...

—Al contrario, claro. Y aparte, hablar del tema les resta a ellos en sus próximas campañas. Yo he buscado a diputados federales y locales y se me han escondido para no atenderme. Y me da mucho coraje, mucha tristeza. Estoy completamente decepcionada de que este tipo de cosas no les importe, no les interese y que sólo estén viendo lo económico para su próximo escalafón político. Lo demás no les interesa.

—¿A ti nunca se te ocurrió que tu país te iba a tratar tan mal, no?

—Para empezar, jamás me imaginé que en México pudiera existir tanta maldad, tanta apatía por parte del gobierno. Tampoco imaginé que acabaríamos arrastrándonos, humillándonos de tal manera para poder ser escuchados. Nunca me imaginé tener que estar viviendo en la calle exponiéndome al frío, al aire, al sol, a las lluvias, embarazada y sin tener un baño donde poder ir a hacer mis necesidades y a ellos valiéndoles madre. Como sucedió durante el plantón en Gobernación (toma aire). De verdad que pesa, eso pesa mucho, yo lo viví y me pesó y me sigue pesando y me duele constantemente porque no lo puedo creer. Había gente que durante el plantón nos mentaba la madre y nos decía: "Pónganse a trabajar, cabrones", como si lo que yo pidiera fuera dinero o trabajo o una casa o algo así.

—¿A ti te han dicho eso?

—Sí, claro. Aunque yo se los he dicho y se los he llorado y se los he gritado: lo único que quiero es la justicia y que se haga justicia. ¿Sino para qué existen tantas leyes en México y para qué modifican tantas leyes si ni siquiera hacen valer la justicia por los desaparecidos, que es por lo que yo estoy exigiendo y pidiendo y clamando en todos mis plantones y en todas las manifestaciones? Y se los he dicho: Nunca me voy a cansar hasta encontrar a mi hermano, jamás me voy a detener, jamás vamos a parar esta búsqueda hasta encontrarlos y lo único que exigimos, y siempre le vamos a exigir al gobierno, tanto federal como local, es que hagan su trabajo y que si no pueden con el paquete que renuncien. Porque ellos están muy cómodos detrás de un escritorio, sin exponerse y sin ni siquiera dirigir para que de verdad se hagan las cosas. Así que si no tienen la capacidad para hacerlo, que se vayan, se los hemos dicho así abierta y públicamente a todas las instancias, se supone que están porque pueden.

—Perdona que insista, pero ¿en el plantón te gritaron "Ponte a trabajar"?

—¡Sí! En el plantón frente a Gobernación, varios nos gritaban. Pasó una persona con su bicicleta y atropelló la fotografía de mi hermano, pasó encima con su bicicleta y dijo: "Pinches delincuentes, no sé qué". O sea: groserías. Entonces yo me puse a llorar y me puse muy mal y mi esposo lo alcanzó y le pidió si por favor se podía regresar. Y yo me solté llorando y le dije (llora): "Señor, mi hermano no es un delincuente, mi hermano es un joven decente que lamentable e injustamente está desaparecido por una guerra con la que nosotros no tenemos nada que ver. Nosotros jamás nos imaginamos cruzarnos con ese tipo de gente y qué pena que usted piense así, pero la mayoría de los desaparecidos no pidieron estar desaparecidos". Y el tipo se me quedó viendo, mudo, me abrazó y me pidió perdón: "Perdón, señora. Perdón. No lo pensé así, perdón". Pero yo no lo iba a dejar pasar: "Señor, piense antes de hablar de esto, no son delincuentes, son personas como usted y como yo, que lamentablemente fueron desaparecidas". Y al día siguiente me llevó una jarra de café...

—¿El ciclista?

—El mismo ciclista que había atropellado la foto de mi hermano y había roto los lazos con que la teníamos amarrada... Y hasta me llevó otros lazos.

—O sea que sí has encontrado gente que se solidariza contigo.

—Sí, sí. Hay gente que me llevaba una silla u otra

gente me llevó una cobija cuando estuve ahí en la calle.

—Más los desconocidos que los conocidos, ¿tú crees?

—Completamente. Gente que nunca había visto en mi vida y que se solidarizaba. Gente que yo conozco y que vive en el Estado de México y en el DF, ni una llamada me hicieron. Nunca, nadie. Ahí es donde dices: "¡Uta madre! ¿Dónde están los amigos?"

—¿Qué crees que vaya a pasar en México, en tu familia y en tu vida?

—Yo espero que se solidarice más gente con este dolor que padecemos miles de familias, espero que haya más conciencia, más hermandad, que no seamos tan indolentes con el dolor de los demás y que tal vez alguno de los representantes de gobierno, alguno de los que están en el Senado o en el Congreso, levante la voz y diga que ya hay que parar este desmadre, ya hay que ayudar, que ni uno más. Que así como cambian las leyes que son ineficientes que cambien las leyes para castigar más a los delincuentes, que les pongan mayor pena al crimen organizado, pero sobre todo que hagan la búsqueda de todos y cada uno de los desaparecidos hasta encontrarlos. Que ya no tengamos que sufrir, todas las familias, el calvario de estar haciendo la investigación por la inoperancia de las autoridades, por su no actuación. Porque nos estamos poniendo en riesgo muchas familias que sí lo estamos haciendo. Corremos mucho, mucho riesgo. Y ese trabajo no es de las familias, sino de las autoridades, y si las autoridades no pueden encontrar lo que las familias hemos encontrado, no están funcionando, no están trabajando y no van a encontrar a nadie porque no quieren, no porque no puedan. Y probablemente no quieren hacerlo porque detrás de todo esto haya más gente involucrada en esta situación. Gentes a niveles muy altos.

—¿Tú sabías hasta qué punto era inepto el gobierno mexicano o es algo que te sorprendió?

—Me tiene sorprendidísima. Yo, de plano, estaba convencida que nuestros representantes eran buenísimos, que por algo estaban ahí. ¡Incluso voté al gobernador de Querétaro! Recuerdo que su lema decía *Querétaro, creo en ti* y llegaba y nos daba la mano a todos los queretanos y nos decía: "Confía en mí, siempre voy a ver por ustedes y para mí lo primordial siempre va a ser la familia". Y qué ironía y qué cosa tan vaga su lema, porque ahora que estamos en esta situación y mi familia no está completa nos ha dado la espalda, no nos ha atendido. ¡A una familia queretana, a una familia que confió y creyó en él! Y eso me ha roto completamente el esquema que lo que está ocurriendo a nivel estatal. Si las noticias no dicen nada, los detenidos salen libres y el gobernador me manda a todos sus hombres armados apuntándome a la cara para decirme que le bajara, días antes de que hiciera la marcha, por supuesto que hay algo que no quiere que se sepa ¿Pero por qué? ¿Por qué quiere seguir ocultándolo? ¿Qué hay detrás de esto? A lo mejor estamos descubriendo algo. Y el gobierno actual, desde pre campaña, decía que iba ayudar a las familias con desaparecidos, que este tema le preocupaba. Pero hasta el día de hoy han sido puras promesas de campaña, no ha atendido a todas las familias como nos lo prometió, no ha dado la atención adecuada... Hay insensibilidad y falta de tacto. Pero así como las familias no recibimos un trato digno en Queretaro, creo que es igual en muchas partes de México. ¡El gobierno todavía dice que por algo están desaparecidos! Como si aseguraran que se fueron por su propio pie y no se los llevaron forzadamente. En lavarse las manos es en lo que se especializan.

—A menudo los narcos necesitan un sitio residencial donde vivir. Durante un tiempo fue Monterrey y se les acabó, luego fue Cuernavaca y se les acabó, y ahora tal vez sea Querétaro ¿no? Quieren un lugar lindo, bonito, tranquilo. Y Querétaro saca puntuaciones del 1,8 de violencia, que se diferencian muchísimo de los de otros estados de la república. Querétaro no es un estado como el Estado de México o Tamaulipas, que desgraciadamente no tienen mucha prensa local que pueda hablar ni muchos centros culturales ni escritores relevantes. Pero Querétaro hasta tiene su escuela de escritores, tiene *resorts* donde reside gente millonaria de todo el país en situaciones de seguridad extrema...

—Eso sospecho yo, Paula. A menudo me imagino que deben estar viviendo aquí. De hecho aquí todo el mundo sabe que hay un pacto para mantener la plaza supuestamente tranquila porque aquí viven. Aquí viven.

—Yo tengo amigos en Querétaro, es un lugar que toda la vida me ha gustado muchísimo. Pero la última vez que estuve ahí sentí un ambiente más pesado. Estuve en Juriquilla, en casa de unos amigos y me contaron que habían secuestrado a los vecinos, que todos habían pagado y que nadie había dicho nada. Incluso sé de gente que ha estado cenando en lugares en los que ha entrado un capo y ha gritado desde la puerta: "Cierren este restaurante, entreguen sus celulares y los devolvemos a la salida. Yo pago todo". Esto le tocó a un amigo en el lago.

—Sí, claro. En el Náutico.

—Siempre necesitan salvar una ciudad cercana a México o bien comunicada, como ocurrió con Monterrey. Y Querétaro tiene una carretera muy buena, tiene puntos de salida, tiene un nivel de vida muy alto para muchas personas, siempre ha sido un lugar bonito y tranquilo. Y probablemente sea donde están ahorita porque si no, no se entiende por qué está silenciado.

—Exactamente. No se entiende. Ahorita recién acaban de subir un espectacular de mi hermano en la calle de Constituyentes y van a subir otro en Monclova con la recompensa de un millón y medio de pesos y estoy esperando respuesta. Creo que sólo así...

—¿Quién ofrece esa recompensa? ¿El estado?

—No, conseguí que la PGR ofreciera un millón y medio por la localización de Héctor, y un millón y medio por sus captores. Son 3 millones de pesos que conseguí a raíz del plantón. Fue una de las cosas que les pedí.

—¿Hiciste la huelga estando embarazada?

—Sí, Paula. Estando embarazada me planté.

—¿Tú y Héctor estaban especialmente unidos o así es tu familia?

—Toda mi familia somos así de unidos, pero cuando yo me divorcié Enrique y Héctor siempre fueron como mi pie derecho y mi pie izquierdo. Con ellos siempre hemos sido un equipo. Digo, todos los hermanos tenemos el apoyo, pero más con ellos dos y yo. Y ahora siento como si me hubieran mutilado, como si mi pierna me faltara y no pudiera continuar igual.

—Durante todo este tiempo debes haber pasado por muchos sentimientos distintos, ¿no?

—No. El sentimiento sigue igual: yo sigo necesitando a Héctor. Mi hermano Enrique también lo necesita muchísimo, mis papás...

—Pero, más allá del amor, tú debes haber pasado del enojo, a la desesperación, a la esperanza... Tu vida ha de ser un tiovivo emocional desde hace años, ¿no?

—Sí. He estado muy enojada, con la vida y con las autoridades. Después me vuelvo a contentar. Después veo la manera de seguir. En algunas ocasiones he estado frustrada. En otras, tengo pavor, no puedo salir ni siquiera a 15 metros caminando sola porque voy volteando para todos lados y siento que me van a matar. Estoy dormida y escucho que alguien empuja mi puerta y pienso: "Ya estuvo, ahorita me van a matar". Vivo con un miedo espantosísimo. Y creo que he pasado por todos los niveles posibles.

—¿Has pasado momentos de alegría, con tus hijos, con el nacimiento de tu segundo hijo... La vida sigue, digamos?

—Sí, sigue la vida. Pero algo no me permite ser como antes. Lo he platicado con mis papás y con mis hermanos: algo no me lo permite. Cómo voy a estar yo ahorita en esta reunión o en esta fiesta echándome unos tragos y mi hermano sepa la chingada dónde pueda estar. Cuando me llega el sentimiento y empiezo a llorar, no me puedo controlar, Paula (llora). No me puedo controlar y me tengo que retirar de cualquier sitio e irme a la casa. Y vivir no es esto.

Vivir no es esto.

CAPÍTULO XI
Sinaloa

—Disculpa la pregunta, porque preferiría no hacerla, pero ¿tú sabes que les hacen a los desaparecidos? ¿Te has informado qué ocurre con ellos? Sabes que varios están vivos y trabajando esclavizados para los cárteles, ¿no?

—Sí, sé que a algunas de las personas que están desaparecidas las someten, las obligan a trabajar para ellos, les enseñan constantemente fotografías. Eso lo sé porque pude hablar con alguien que regresó. Es un muchacho que se pudo escapar, tenía siete años y medio, casi ocho, desaparecido, y finalmente escapó. Y me contó que los tenían fabricando drogas sintéticas. Y que estaban bajo una casa, en donde tienen el almacén de agua. Que ahí les acondicionan unas mesitas y los tienen preparando drogas y solamente una vez al día les dan de comer.

—¿Pudiste hablar con ese muchacho?

—Claro. He podido hablar con muchísima gente que se ha podido escapar. Paula, tengo muchisísima información, sé de lugares estratégicos donde están las casas de seguridad. Incluso la prima de una chava que trabaja con nosotros en Celaya, Guanajuato, iba en el autobús de los muertos de San Fernando. Y ella platicó conmigo, me dijo cómo los mataron, estuvo presente. Los movieron a Matamoros y ella estuvo cinco días bajo un sótano, en una cisterna. Es un hueco por el que los avientan. También me contó cómo llegaba la Policía Federal a sentarse a la sala con uno de los que estaban encargados ahí en la puerta y que había una señora que entraba y hacía de comer en una olla grande una sopa de fideos y daba un tazón para cada persona. A veces también les daban tortillas, me dijo, a veces no, pero nada más les daban un tazón al día de comer, es lo único que recibían. Y que los ponían a trabajar día y noche. Me lo han contado muchas personas. Los ponen a hacer drogas, a contar (pesar) dinero. Luego los mueven. Un chavo me contó que había casas de seguridad en donde tenían a puros coreanos, en otras tenían a los colombianos, en otra a los mexicanos... Los meten a diferentes zonas, no los mezclan, y a todos les ponen una camiseta color beige, como si fuera un penal.

—¿Dónde es eso?

—En toda la frontera. A esta niña que te digo de Guanajuato la movieron de casa en tres ocasiones: Matamoros, Reynosa y Laredo. Iba de indocumentada para cruzar a Estados Unidos y la bajaron y la pusieron a cocinar y como les gustó su sazón, le hablaron a uno de los jefes y el jefe fue por ella y se la llevaron a Reynosa.

—Qué locura.

—Y ella sabe dónde están esas casas, me las señaló en el Google Maps, me las describió y con el Street

View las vimos perfecto. "Si tú me dices que te acompañe, vamos y me cuidas, Brenda. Yo contigo tengo confianza. Con los policías no, porque estos cabrones van y se sientan a la mesa y reciben portafolios de dinero", me decía llorando. Pero yo preferí quemar y desechar toda esa información de mi vida, porque sólo me está haciendo daño, sólo añadía dolor a mi angustia y decidí olvidar esta información y no volver a recordar, ni saber más de ello. Esta chica ya está en Estados Unidos: fue aceptada en régimen de asilo luego que entregó toda esta información ella misma. Y ahora está allá, segura, con su hijito, y no quiere ni piensa regresar a México jamás.

—O sea, que si la policía no fuera corrupta tal vez tendrías posibilidades de saber a lo mejor en qué casa está Héctor...

—Por supuesto. Claro que sabríamos. Por lo pronto, ya están presas cinco personas que están involucrados en la desaparición porque los encontraron con armas exclusivas para el Ejército.

—¿Y dónde crees que esté Héctor?

—Mi hermano puede estar en Sinaloa o mi hermano puede estar en otro país. Mira, ellos reclutan a la gente y dependiendo de las habilidades que tengan o los ponen a cavar para hacer túneles o se los llevan a otros países si hablan otros idiomas o si tienen otras habilidades. Y mi hermano es comerciante, ha ido a otros países y estos cabrones están regados por todo el mundo: España, China, Guatemala, Italia... Y mi hermano conoce todos los países que te dije menos Italia. Y tal vez lo pueden tener forzado. Porque yo he hablado con algunos que han regresado y me cuentan que los tenían forzados enseñándoles fotografías de su mamá saliendo del mercado, en la iglesia, llorando... y así lo castigaban psicológicamente: "Mira cabrón, sabemos dónde está, o le chingas y trabajas o adiós mamá". Este chavo que te digo tuvo que matar gente, porque los ponen a eso. Lo hacen como reto y a los que no matan, en ese momento los asesinan. A él le ha tocado ver cómo acribillan a las familias completas por no querer colaborar o por haberlos traicionado. No les permiten hacer llamadas pero si *se portan bien* les permiten hacer una al número que conocen de su casa y escuchar.

—¿Y eso te ha pasado?

—Sí, en mi casa sí. En muchas ocasiones. Y lo que me dijo este chavo que regresó es que cuando suene el teléfono y no hablen puede ser Héctor. Que él sabe que yo soy Brenda y me escucha pero que no puede hablar porque enfrente de él está uno mayor en rango y en cualquier momento abre el hocico y lo matan. "El consuelo de él es solamente escucharte", me dijo este joven, "y cuando eso pasa solamente debes decirle que estás bien, que se tranquilice, que todo estará bien y que lo vas a esperar... o sea, animarlo".

—¿Y así le haces?

—Sí, mucho. Cuando llaman a mi casa así, me pongo a llorar en el teléfono pero sin que él me escuche y empiezo a contarle cosas. Las llamadas duran tres, cuatro minutos y a veces más, como quince minutos, pero yo no dejo de hablar.

—¿Y no puedes ver de dónde viene la llamada?

—No, no sale. Ya lo intenté en Télmex y me dijeron que me llaman de un teléfono satelital.

—¿Por qué crees que puede estar en Sinaloa?

—Por las investigaciones que nosotros tenemos. Puede estar en Sinaloa o puede estar en otro país. Por el área de la llamada en Télmex me dijeron que no saben de dónde proviene exactamente pero que es por el área de Sinaloa.

—Qué locura vivir esto.

—Imagínate mi mamá, la angustia que tiene de no saber cómo está, en dónde está.

—Pero que tú recibas llamadas en las que no hablan y que se pueda dictaminar que son satelitales, es una buena noticia, ¿no?

—Sí, es una buena noticia porque puede ser un indicador de que Héctor por ahí anda y cuando *se porta bien* le permiten hacer las llamadas sin hablar. Eso para nosotros es... no sé cómo contarte, porque también nos deja con incertidumbre: ¿será o no será?, ¿qué pasó?

—¿Y tú le cuentas cosas?

—Sí, sí, claro, pero es doloroso porque no sabes quién está del otro lado.

—¿Y cada cuánto llama?

—En diciembre, hace como cinco llamadas. El día de su cumpleaños ha marcado dos veces y se queda callado. Nos ha marcado en otras ocasiones muy temprano o muy de noche, haz de cuenta como tipo once, doce, o hasta doce y media. Y del otro lado se escucha nada más como el ruido del viento, como si estuviera en un lugar donde hace mucho aire. Y yo sólo le digo que lo seguimos buscando, que lo vamos a encontrar, que no tenga miedo, que no tenga miedo por mí. Siempre le digo que no tenga miedo por mí, que Dios nos está cuidando y que nos vamos a volver a encontrar. Que vamos a volver a estar juntos en la casa, que mi mamá te quiere mucho, que todos te queremos mucho y te extrañamos. O antes le contaba cuando estaba embarazada. Aunque sólo se escuchaba la respiración fuerte y a veces el aire.

—No, no, no...
—Se siente fatal porque yo no sé si del otro lado alguien está llorando o está contento pero yo siento que para él (eso es lo que me decía este joven que se escapó) es un alivio y es una energía para echarle ganas y hacer lo que estos cabrones le pidan con tal de que le vuelvan a dejar hablar.
—Claro, y además así sabe que lo están buscando.
—Exactamente.
—Aunque él ya los conoce suficiente como para saber que lo están buscando.
—Sí, sí. Héctor sabe perfectamente que lo buscamos.

CAPÍTULO XII
El sin lugar de la desaparición

Brenda Rangel es la primera mujer mexicana nominada para el Nobel. Fue reconocida en diciembre del 2015 por el Nobel Women's Iniciative a los derechos Humanos, en vista de todo lo que ha hecho por buscar a su hermano, el apoyo de Amnistía Internacional que siempre ha estado a su lado y el reconocimiento a su esfuerzo y su cerca incansable, a pesar de los atropellos e injusticias. Pero cualquier cosa que tenga o que pudiera llegar a tener la daría sin dudarlo por recuperar, vivo, a su hermano Héctor. Encontrarlo. Presentarle a su sobrino. Abrazarlo. Cenar en familia, como antes, juntos. Contarle cómo lo han estado rastreando. Cuánto, cuantísimo tiempo llevan buscándolo. Cómo han podido extrañarlo tanto tiempo, con tanta intensidad.

Las ganas infinitas que sienten de curarlo. Apapacharlo. Quererlo.

Decirle que todo va a estar bien.

Que un futuro con él, sería un cielo luminoso y abierto. Extraordinario.

Sólo uno de los policías involucrados le contó, en una de las muchas entrevistas que ha logrado tener con ellos, que lo entregaron a los Zetas. Y pensar en esto me ha recordado que recientemente leí en Facebook un post en el que Mayra, hermana de Fernando, desaparecido en Tamaulipas pocos días después de haber sido operado, le escribía a su hermano, en el colmo de la soledad, la tristeza, la impotencia: "Fernando", le decía, "en donde quiera que estés y si tienes manera de leer esto, necesito decirte que papá ya no alcanzó a ver tu regreso QEPD". Era su forma de sentir a su hermano vivo tras la muerte de su papá. Y Mayra me hizo pensar en otras hermanas y hermanos que buscan los desaparecidos. Y Mayra me trajo a la cabeza a Brenda quien me trajo a la cabeza a Héctor. Había leído hace poco este otro *post*: *No sé dónde estoy, pero mi hermana Brenda me está buscando*. Entonces fue que la llamé y le dije: Brenda, me llamo Paula, soy periodista y quisiera escribir lo que estás viviendo. Pero escribirlo a tu manera, con tu voz.

Sabía que Brenda había estado 17 días en un plantón, había recibido protección de Amnistía Internacional, vivía amenazada y estudiaba y aprendía y preguntaba e inventaba todo el tiempo nuevos modos de buscar a su hermano. Y también a otros desaparecidos, otras desaparecidas. Sabía que Brenda era una de esas personas extraordinarias que encuentran en el amor la fuerza para llevar a rastras este país que tanto nos duele a todos, a todas.

—Brenda —le dije—, me llamo Paula, soy periodista y quisiera escribir lo que estás viviendo. Pero escribirlo a tu manera, con tu voz.

—Perfecto, Paula. Te agradezco muchísimo. ¿Comencemos entrevista el martes?

Martes, pienso ahora terminando este libro. Un martes en el que ella fue a McAllen manejando de noche. Un martes en el que desaparecieron Héctor, Hugo e Irene. Un martes en el que ella y su mamá cocinaron una paella.

Lo primero que me mandó fue una foto de su hermano y este texto:

Él es Héctor Rangel Ortiz
Está desaparecido desde 2009.

Fue desaparecido por policías municipales y entregado al crimen organizado junto con sus dos acompañantes, Irene Lugo Hernández y Milton Hugo Aguilar Torres. Desde entonces no sabemos más. Es una desaparición forzada. Las autoridades saben los nombres de los policías y todos los rangos de los involucrados y ninguno está detenido por la desaparición forzada de Héctor. Algunos han sido detenidos pero por otros delitos. El Estado Mexicano es Impunidad, No hay Justicia y verdad sobre Héctor y miles en nuestro País.

Hoy recuerdo, con esta foto, una de esas muchas veces que estábamos disfrutando sonriendo y bailando. Tomando un buen trago, felices, con mi familia. Sólo son recuerdos que duelen hasta lo más profundo de mi ser. Como si el alma la tuviera congelada y mi respiración fuera lenta y con ardor en la garganta. Cuánto nos dueles hijito.

Hasta encontrarte pararemos hijo.

Dios sigue ahí a tu lado y la poca fe que a veces sube y baja, aquí sigue presente, en la casa. Te amamos Héctor y todos en la casa te necesitamos mucho. Y todos en la casa, tus sobrinos, hermanos y papás, lo que más anhelamos es verte [*sic*].

Hoy ha pasado un tiempo desde que comenzamos a hacer las entrevistas y cuando le pido a Brenda que me diga lo que le diría a todo el país por escrito, si pudieran leerla, me manda esto:

Es un dolor que mata en silencio.... Te vas consumiendo lentamente, cada vez descubres más y más abusos de autoridades y te das cuenta que todo es parte de lo mismo. Que todos están tras lo mismo, que les vale un carajo tu dolor y desesperación, que todos son egoístas y sólo piensan en ellos y en su cargo. Sin darse cuenta que todos estamos parados en la misma barca, en la misma isla y que en cualquier momento les va alcanzar la ola y la tormenta de desgracia que se vive en México. Muchos han juzgado a mi hermano, incluso han dicho infamias. Otros se han burlado de mí y de mi familia cuando estamos exigiendo justicia. Muchos otros se han encargado dentro del Gobierno de decir que mis intenciones son otras. Son siempre gente dentro del mismo Gobierno, enviados y arrastrados hasta sus amos, que están tras del hueso que les avientan, no importa a quien aplastan, siempre tras la basura, el dinero y el poder. La vida es una ruleta. A veces estás arriba y a veces te toca abajo. Cuidado cómo nos miras y cuidado cómo tratas a las víctimas de desaparecidos. Nadie, ninguna pidió y menos deseó tener este calvario. Lo nuestro no es moda y rebeldía.

Es Amor y dignidad por los nuestros.

Nunca habrá una manera de callarme.

Recuerdo como en la administración pasada decían: Hay que romperle la madre a Brenda y así todos se van a callar. En esta administración no ha cambiado mucho, sigue la misma consigna. Sólo que Desaparecidos Justicia, no es Brenda, sino un colectivo de treinta familias queretanas que hemos armado y que integramos muchas familias valientes que no se callan y tampoco se venden. Familias que tienen una misma intención: Encontrar a sus hijas e hijos.

Cuando uno tiene claros sus valores, principios y esta tragedia cambia tu vida y decides tomar la investigación y búsqueda de tu ser querido, es inevitable poder caminar por encima, a un lado del basurero, y no oler y ver todas las porquerías que han manchado a nuestro Estado y País. Cómo se ha corrompido el sistema de Justicia en México.

Amigos, sólo entiendan mi búsqueda y exigencia. Respeten mi lucha. Y comprendan que ni un café, ni un golpe de espalda ni un abrazo calman mi desesperación por encontrar a mi hermano [sic].

Brenda Ivonne Rangel Ortiz

EPÍLOGO I
Si usted tiene alguna información o cree que pueda tenerla

Mensaje de la mamá y el papá de Héctor

Recompensa: Tres millones de pesos a quien dé información verdadera del paradero de mi hijo.
Sin mentiras, sin sospechas, que sea información segura, no me importa cómo sabe usted, sólo quiero encontrar a mi hijo. Ayuden a compartirlo y primero Dios te voy a volver a ver hijo. Muchachos, ayúdenme compartiendo. Mi hijo, seguimos confiando en Dios para tenernos juntos otra vez.

Héctor, hijo, perdóname mi vida por todavía no encontrarte hijito, doy mi vida entera por saber dónde estás y alguien, estoy segura, nos ayudará, alguien que me lea debe saber de ti, y se apiadará de nuestro dolor, hijito, mi flaquito, me dueles hasta el alma. Le pido a Dios fuerzas para mí y tu papá para continuar de pie; es mi deseo y mi necesidad, hijo.

Perdónanos hijito porque todo lo que hemos hecho de nada ha servido, sigo igual que desde que te desaparecieron. No sé nada de ti.

Héctor, si me lees, o si alguien sabe de ti hijito, que te digan cuánto te amamos en la casa y te necesitamos, mi amor. MUCHACHOS, si alguien sabe de mi hijo contáctenme por amor a Dios, se los suplico.

EPÍLOGO II
El caso de Héctor Rangel contado por Amnistía Internacional

Héctor desapareció junto con Irene Hugo Hernández y Milton Aguilar Torres el 10 de noviembre de 2009 en Monclova, estado de Coahuila. Los tres habían viajado a esa ciudad por negocios desde Querétaro. Héctor telefoneó a su familia para decirles que la policía municipal les había dado el alto y que iba a averiguar por qué la policía se había incautado de uno de sus automóviles. Fue la última vez que tuvieron noticias de él.

En los días siguientes, su hermana y su hermano viajaron a Monclova para buscar a Héctor, pero la policía municipal y los fiscales del estado les advirtieron que no continuaran, diciéndoles que no anduvieran "levantando el polvo" o les sucedería lo mismo. Fueron objeto de seguimiento en repetidas ocasiones y huyeron de la ciudad al sentir miedo por sus vidas. Continuaron con su búsqueda, pero a pesar de los compromisos de investigar no se registraron avances. La familia continuó con sus propias indagaciones y ha sido víctima de amenazas de muerte, pero ha persistido en su búsqueda de la verdad y la justicia. Se cree que Héctor Rangel es víctima de desaparición forzada y sigue sin conocerse su paradero.

"No descansaré hasta que encuentre a mi hermano. Esta búsqueda viene del corazón", ha afirmado la hermana de Héctor Rangel, Brenda, durante una manifestación reciente de familiares de personas desaparecidas.

EPÍLOGO III
Carta de Pula a Brenda tras terminar de escribir este libro y respuesta de Brenda

Brenda querida,

Vine al pueblo de mi abuela con toda nuestra entrevista transcrita y las fotos de tu familia y aquel último abrazo que nos dimos que guardo como un tesoro. Estoy encerrada terminando el libro con todas las fotos de Héctor junto a mí. Es doloroso hacerlo pero un merecido homenaje a tu dolor, que es el de todos nosotros. Y al dolor de Héctor, que nos quiebra. Aquí estoy con él, en un lugar hermoso y tranquilo, con tu familia. Tratando de escribir este libro con tu voz, tu coraje y tu forma inconmensurable de amar. Como si fuera un ritual para Héctor y para ti. Mandándote un fuerte abrazo. Fortísimo.

Te quiero,
PAULA

Eternamente agradecida, querida Paula.

Lo leeré de inmediato. Yo sé que es el Gobierno que me quiere chingar. Y después del reconocimiento del Nobel Women's Iniciative más me tiraron. Pero sigo firme aunque algunos días no tengo fuerza ni de levantarme y otros días lloro como una loca porque nada ha sido suficiente para encontrarlo.

Me vuelvo loca escuchando llorar a mi madre y ver cada día peor en salud a mi padre, verlo sentado al lado del teléfono, viendo puras noticias todo el día. No querer cambiar de casa porque tienen la ilusión de que Héctor va a llegar y tocar en cualquier momento.

Tampoco quieren salir a ningún lugar de vacaciones por estar ahí.... esperando a su hijo.

Siento morir, Paula. Ver a mis padres aferrados, poniéndose los lentes y acercándose a la pantalla para identificar a los que van siendo rescatados y ver si ahí está Héctor.

Es muy duro tener los nombres de los policías que detuvieron a Héctor y saber que ninguno ha sido detenido por la desaparición. Han sido detenidos por otros delitos pero no por la desaparición forzada.

¡Cuánta impunidad en México!

Gracias, Paula.
Muchísimas gracias por tu solidaridad.

Te quiero,
BRENDA

PD 1. Si lees esto: ¡¡¡Te amamos Héctor!!! Siempre estás presente en cada uno de nosotros: Arlette, César, Brenda, Enrique y Melo. Te abrazamos con todo nuestro amor. Que este abrazo te llegue hasta donde estés, con todo nuestro amor, mi niño. Te amamos y nos haces falta a todos.

PD 2. Tu mamá te manda decir que eres y serás siempre su pollo, su bey, su pollito... Flaco pajarilludo. Tu papá te manda decir que eres su vito, su bey, su wuica, su pajarito. Los dos te extrañan tanto, hijito.... Todos en la casa te queremos ver y tenerte en la casa nuevamente y olvidar todo esto que pasó, para poder tener una segunda oportunidad de vida y que podamos ser felices como éramos antes que esto ocurriera.

EPÍLOGO IV
Links que te pueden interesar

Aparte, éstas son algunas de las personas e instituciones que están trabajando por la paz y que han sido mencionadas en este libro. Puedes encontrar más información sobre todas ellas, aquí:

Desaparecidos Justicia
    Facebook: <<http://on.fb.me/1Tp4hu7>>

FUNDEM. Fuerzas Unidas por Nuestros Desaparecidos en México
    Web: <<http://fundemdotcom.wordpress.com/about>>
    Facebook: <<http://on.fb.me/1aXD6mF>>

Buscando a Héctor Rangel Ortiz
    Facebook: <<http://on.fb.me/217sarw>>

Nominación de Brenda Rangel Ortiz para el Nobel de Derechos Humanos
    Web: <<http://bit.ly/1U6zoKo>>

Por todos los desaparecidos. Nuestra Aparente Rendición
Web: <<http://bit.ly/1EvAcls>>

Movimiento por la Paz con Justicia y Dignidad
Web: <<http://movimientoporlapaz.mx/>>
Facebook: <<http://on.fb.me/1tMoTAC>>

Nuestra aparente rendición
Web: <<http://nuestraaparenterendicion.com/>>
Facebook: <<http://on.fb.me/1x8TFR6>>

El estado de la República. Nuestra Aparente Rendición
Web: <<http://bit.ly/1wZn2Gg>>

Canto a su amor desaparecido. Nuestra Aparente Rendición
Web: <<http://bit.ly/18vBfDY>>

Mapa de asociaciones por la paz. Nuestra Aparente Rendición
Web: <<http://bit.ly/1AWSKDP>>

Menos días aquí. Nuestra Aparente Rendición.
Web: <<http://bit.ly/1oNHiRc>>

El grito más fuerte
Web: <<http://elgritomasfuerte.com>>
Facebook: <<http://on.fb.me/1BjG9zf>>

Periodistas de a pie
    Web: <<http://www.periodistasdeapie.org.mx>>
    Facebook: <<http://on.fb.me/1rdCHSL>>

Entre las cenizas. Red de Periodistas de a Pie
    Web: <<http://entrelascenizas.periodistasdeapie.org.mx>>

En el camino. Red de Periodistas de a Pie
    Web:<<http://enelcamino.periodistasdeapie.org.mx/>>

Províctima. Procuraduría social de atención a las víctimas de delitos
    Web:<<http://www.provictima.gob.mx/memorial/index.php>>

Héctor, desaparecido
de Lolita Bosch
se terminó de imprimir en abril de 2016
en en Programas Educativos, S. A. de C. V.
Calz. Chabacano 65-a, Asturias DF-06850, México.